段取りよくゲストと一緒に楽しめる

野菜と果物の
おもてなしレシピ

赤城美知子

誠文堂新光社

はじめに

鎌倉にあるちいさな平屋でtoricot（トリコ）という名前の料理教室をはじめてから、12年が過ぎました。はじめは東京の料理教室で学んだマクロビオティックをベースにしていましたが、わたしのライフスタイルの移り変わりとともにすこしずつ形を変え、野菜料理とお菓子の教室として今も続いています。
ちいさな教室ながら通ってくださるみなさんは、わたしと同じおいしいものが大好きな食いしん坊ばかり。料理教室ではあるけれど、料理を習うというよりは、みんなで作った料理を味わいながら、おしゃべりする時間を楽しみに来てくださる人がほとんどではないでしょうか。月に一度の遠足のようなわくわくした気持ちで足を運んでいただける場所であれたらと思っています。ひとつのテーブルを囲んで、「おいしい」と言いながら笑って過ごす、わたしにとってそれは、なにもかえられない幸せな時間です。
わたしの料理でそんな時間を過ごしてくださる人が増えたらいいなぁ……。そんな気持ちをあたためていたら、ご縁があって本を作ることになりました。テーマは「おもてなし」。料理教室で作ってきたレシピを見直して、季節ごとのコースメニューに仕立てました。お肉やお魚、卵、乳製品を使わない、ヴィーガンのレシピが多いのですが、どなたでも満足していただけるよう工夫しました。一般に入手しにくい材料もありますが、ヴィーガン食材の解説ページ（P152）で、代わりに使えるものも紹介しています。
もうひとつ、わたしが本書で大事にしているのは、ホストである自分も楽しめる段取りです。誰かを家に招いておもてなしをすると、自分は料理の準備に追われて、お客さまとゆっくり過ごす余裕がないということはありませんか？　この本では、できるだけ事前に仕込んでおいて、当日はあまり手がかからないレシピを中心に紹介しています。作り置きできる料理も多いので、持ちよりパーティや普段の食事にも活用していただけるものばかりです。おもてなしの日はもちろん、みなさんの日々の食卓の彩りに、すこしでもお役に立てればうれしいです。

もくじ

003　はじめに

Spring

008　春コース1
うららかな春の食卓

010　段取り表
011　新じゃがのポタージュ
012　オレンジとにんじんのラペ
013　焼き野菜のマリネ
014　豆野菜とクレソンのサラダ
016　小豆と玄米のコロッケ
018　豆乳プリン、
　　　　　いちごとバルサミコのソース

020　春コース2
お庭でピクニック

022　段取り表
023　新たまねぎと白ワインのスープ
024　グリーンピースのピュレ
025　じゃがいもとローズマリーのガレット
026　春のグリーンサラダ
028　野菜とハーブのトマト煮とクスクス
030　オレンジとココアのマフィン

034　〈コラム1〉メニューの組み立て方

Summer

036　夏コース1
初夏の週末

038　段取り表
039　きゅうりの冷たいスープ
040　えだ豆のディップ
040　全粒粉のチップス
042　とうもろこしとひじきと
　　　　　アボカドのマリネ
044　夏野菜と豆とスパイスのごはん
046　もものあまざけシャーベット

048　夏コース2
海辺のブランチ

050　段取り表
051　トマトの冷たいスープ
052　もものサラダ
053　ズッキーニとハーブのサラダ
054　緑のタブレ
056　夏野菜の玄米キッシュ
058　キウイとミントのゼリー

062　〈コラム2〉ハーブとスパイスを使う

Autumn

- 064 秋コース1 **実りの秋ごはん**
- 066 段取り表
- 067 さつまいもと
  ローズマリーのポタージュ
- 068 きのことレンズ豆のペースト
- 068 黒こしょうのクラッカー
- 070 いちじくとぶどうの赤いサラダ
- 071 まいたけのコーンミールフライ
- 072 なすのソテーとパセリのごはん
- 074 洋なしとスパイスのケーキ

- 076 秋コース2 **夜長のディナー**
- 078 段取り表
- 079 きのこのポタージュ
- 080 紫キャベツと
  マッシュルームの前菜
- 081 秋のグリーンサラダ
- 082 野菜ときのこのハーブグリル
- 084 スパイスソーダブレッド
- 086 いちじくの焼きケーキ
- 088 ぶどうと白ワインのゼリー

- 092 〈コラム3〉季節の果物を使う

Winter

- 094 冬コース1 **冬のごちそう**
- 096 段取り表
- 097 ブロッコリーとじゃがいものスープ
- 098 緑のだいこんの
  メープルビネガーマリネ
- 099 パセリとカシューナッツのペースト
- 100 レンズ豆と木の実のローフ
- 102 ごぼうとターメリックのごはん
- 104 ココナッツサワークリームと
  ベリーのデザート

- 106 冬コース2 **北欧の旅の記憶**
- 108 段取り表
- 109 ほうれん草のポタージュ
- 110 じゃがいもとビーツのサラダ
- 112 かぶと金柑のサラダ
- 113 ロマネスコときのこのフライ
- 114 カリフラワーとルッコラと
  木の実のごはん
- 116 りんごのケーキ

- 120 〈コラム4〉盛り付けの話

Side Dish

- 121 季節の副菜
  - 122 キウイとハーブのサラダ
  - 123 自家製セミドライトマト
  - 124 とうもろこしとココナツのサラダ
  - 124 アスパラのレモンマリネ
  - 126 じゃがいもとえだ豆のコロッケ
  - 127 ズッキーニのクミンソテー
  - 128 なすのディップ
  - 128 フムス
  - 130 にんじんとビーツのラペ
  - 131 モロカンサラダ
  - 132 いちじくとなすとポーレンのサラダ
  - 133 アボカドと春菊の春巻き
  - 134 焼きかぶとブロッコリーのソース

Dessert & Drink

- 135 おまけのデザート＆ おもてなしドリンク
  - 136 メープルグラノーラ
  - 136 ココナツミルクアイス
  - 138 ピーナツバタークッキー
  - 139 バナナとココナツのマフィン
  - 140 きなこのアイス
  - 140 マンゴーのフローズンヨーグルト
  - 142 ココアとピスタチオのプリン
  - 143 コーヒーとくるみのスコーン
  - 144 モンブラン
  - 146 栗と木の実のキャラメルケーキ
  - 148 カルダモンティー
  - 148 ローズマリー＋ラベンダーティー
  - 149 カモミールのジンジャーエール＆ ホットジンジャー
  - 150 スパイスティー
  - 150 ホットソイココア

- 152 本書で使用しているヴィーガン食材
- 153 よく使う調味料
- 154 各コースの料理に使用した器
- 158 おわりに

本書について
- 大さじ1は15ml、小さじ1は5ml、1カップは200mlです。
- 焼き時間・温度はお手持ちのオーブンに応じて調整してください。本書ではガスオーブンを使用しています。
- P10などの段取り表にある数字は各レシピの工程番号を示しています。

春コース 1

うららかな春の食卓

おだやかな陽気に、
心も体も浮き立つ春。
真っ白なリネンのクロスを敷いて、
色とりどりの春野菜の料理と
きりっと冷えた白ワインを
用意すれば、
目にも楽しいテーブルに。

〈あらかじめできる下ごしらえ〉

〈当日、お客さまが集まる前に〉
〈当日、お客さまが集まってから〉

スープ　新じゃがのポタージュ　P11
- 材料を切る①
- 材料を煮る②③
- ブレンダーにかける④
- 味を調える⑤
- あたためて、盛り付ける⑥

前菜　オレンジとにんじんのラペ　P12
- にんじんの下ごしらえ①
- オレンジの下ごしらえ②
- 和える③
- 盛り付ける④

前菜　焼き野菜のマリネ　P13
- マリネ液を作る①
- 材料の下ごしらえ②
- 野菜を焼き、マリネする③
- 盛り付ける④

前菜　豆野菜とクレソンのサラダ　P14
- ドレッシングを作る①
- 材料の下ごしらえ②③
- マッシュルームを切る④
- 材料を和えて、盛り付ける⑤

主菜　小豆と玄米のコロッケ　P16
- 玄米の浸水①（前日〜2時間前）
- プチトマトのソースを作る②
- 材料の下ごしらえ③
- ごはんを炊く④
- コロッケのタネを丸めて、パン粉をつける⑤
- コロッケを揚げて、盛り付ける⑥

デザート　豆乳プリン、いちごとバルサミコのソース　P18
- いちごとバルサミコのソースを作る①②
- 豆乳プリンを作る③
- ソースを流して、ミントの葉をかざる④

春コース1・スープ

新じゃがのポタージュ

材料（4人分）

- 新じゃが…2個
- たまねぎ…1/2個
- えのき…1/6袋
- にんにく…1かけ
- オリーブオイル…適量
- A
  - 水…300cc
  - タイム…2枝
  - ローリエ…1枚
  - 塩…小さじ1/2
  - 黒こしょう…適量
- 無調整豆乳…200cc
- タイム…4枝

作り方

1. 新じゃがは1cm厚さの輪切りにし、たまねぎは薄切りにする。えのきはほぐし、にんにくは薄切りにする。
2. 鍋にオリーブオイルとにんにくを入れ、弱火にかける。にんにくの香りがしてきたら、たまねぎ、えのきを加え、塩少々（分量外）をふり、中弱火でしんなりとするまで炒める。
3. 2に新じゃが、Aを加えて火を強め、沸騰したら弱火にし、蓋をする。新じゃがやわらかくなったら、火からおろす。
4. 3の粗熱がとれたら、タイムとローリエを取りのぞき、ブレンダーにかけてなめらかにする。
5. 4に無調整豆乳を入れて沸騰する手前まであたため、塩、黒こしょう（共に分量外）で味を調える。
6. 5を器によそい、オリーブオイルを回しかける。黒こしょう（分量外）をふり、タイムをかざる。

春コース1・前菜

オレンジとにんじんのラペ

材料（4人分）

にんじん…1/2本
オレンジ…1個
塩…小さじ1/4
白ワインビネガー…小さじ1
黒こしょう…適量
オリーブオイル…適量
粗塩…適量

作り方

1. にんじんは細い千切りにしてボウルに入れ、塩もみをしてしばらく置いておく。たっぷり水分が出たら、しっかりと水気をしぼる。
2. オレンジは皮をむき、房から実を取り出す（a）。
3. ボウルに1、2を入れ、白ワインビネガー、黒こしょう、オリーブオイルを加えて和える。
4. 3を器に盛り、軽くオリーブオイルを回しかけ、粗塩をふる。

a

オレンジの皮は包丁で上下を切り落とし、白いワタと実の間に包丁を入れて皮をむく。薄皮にそって包丁を入れ、ひとつずつ取り出す。

春コース1・前菜

焼き野菜のマリネ

材料 (4人分)

かぶ … 2個
菜の花 … 1/2束
芽キャベツ … 8個

●マリネ液
薄口しょうゆ … 小さじ2
レモン汁 … 小さじ2
オリーブオイル … 小さじ2
水 … 小さじ2

黒こしょう … 適量

作り方

1. マリネ液の材料をバットにあわせておく。
2. かぶは8等分のくし切りに、菜の花は食べやすい大きさに切る。芽キャベツはさっと塩ゆでをしてから半分に切る。
3. フライパンにオリーブオイル（分量外）を熱し、2を中火で焼く。焼き色がついたら熱いうちに1にひたし、粗熱がとれたら冷蔵庫で冷やす。
4. 3を器に盛り、黒こしょうをふる。

豆野菜とクレソンのサラダ

春コース1・前菜

材料（4人分）

スナップエンドウ…1袋
いんげん…1/2袋
絹さや…1/4袋
そら豆…3〜4さや
クレソン…1/2束
マッシュルーム…2個

●ドレッシング（作りやすい分量）

赤たまねぎ…20g
米酢…大さじ2
オリーブオイル…大さじ2
塩…小さじ1/2
黒こしょう…適量

作り方

1　ドレッシングを作る。ボウルに赤たまねぎをすりおろし、米酢、オリーブオイル、塩、黒こしょうを加えてよく混ぜあわせる。

2　スナップエンドウ、いんげん、絹さやはすじを取り、塩ゆでをして冷水に落とす。冷めたらざるにあげて水気を切り、スナップエンドウは半分に割き、いんげんは食べやすい大きさに切る(a)。そら豆は塩ゆでをして薄皮をむく。

3　クレソンは手で食べやすい大きさにちぎる。

4　マッシュルームは3mm厚さの薄切りにする。

5　大きめのボウルに2を入れ、1と和える。さらに3、4を加えてさっと和え、器に盛る。

a

いんげんをたてに切ると、豆野菜らしい表情が出て、ドレッシングともなじみやすい。

小豆と玄米のコロッケ

春コース1・主菜

材料（4人分）

玄米 … 1合
水 … 300cc
たまねぎ … 1/4個
にんにく … 1かけ
ローズマリー … 1枝
小豆 … 大さじ2
塩 … 小さじ1/2
オリーブオイル … 適量
水溶き地粉 … 適量
パン粉 … 適量
揚げ油 … 適量

●プチトマトのソース
プチトマト … 150g
塩 … 適量
黒こしょう … 適量
ドライバジル … 適量
ローズマリー … 適量

下準備

1　玄米はといで、分量の水につけておく。

作り方

2　プチトマトのソースを作る。プチトマトはヘタを取って4等分にし、小鍋に入れて中火にかける。沸騰したら中弱火にし、軽くとろみがつくまで煮つめる。塩、黒こしょう、ドライバジルで味を調える。

3　たまねぎ、にんにく、ローズマリーは、粗いみじん切りにする。小豆は洗ってざるにあげる。

4　圧力鍋にオリーブオイルとにんにくを入れ、弱火にかける。にんにくの香りがしてきたら、たまねぎ、ローズマリーの順に加えて炒める。1とつけておいた水、小豆、塩を加え、中強火にして蓋をする。圧がかかったら弱火で25分炊く。炊きあがったら火からおろして蒸らす。

5　4を12等分にして丸める。粗熱がとれたら、水溶き地粉にくぐらせ（a）、パン粉をつける。

6　5を中温の油で揚げる。しっかりと油を切って器に盛り、2とローズマリーを添える。

a
水でといた地粉にくぐらせてから、パン粉をつける。衣に厚みが出て、しっかりとした揚げあがりになる。

春コース1・デザート

豆乳プリン、いちごとバルサミコのソース

材料（4人分）

無調整豆乳 … 500cc
くず粉 … 大さじ2
米粉 … 大さじ2

● いちごとバルサミコのソース
いちご（小粒）… 150g
てんさい糖 … 50g
バルサミコ酢 … 小さじ1

ミントの葉 … 適量

作り方

1. いちごとバルサミコのソースを作る。いちごはヘタを取り、たて半分に切る。
2. 小鍋に1とてんさい糖を入れて火にかけ、沸騰したらふきこぼれない程度の火加減にする。とろみがついたら火からおろし、バルサミコ酢を加えて混ぜる。粗熱がとれたら冷蔵庫で冷やす。
3. 別の鍋に無調製豆乳、くず粉、米粉を入れ、泡立て器でよく混ぜる。粉のだまがなくなったら中火にかけ、泡立て器でさらに混ぜ続ける。とろみがついてもったりとしたら弱火にし、木べらにかえて2〜3分混ぜ続けたら火からおろし(a)、器に流す。粗熱がとれたら冷蔵庫で冷やす。
4. 3に2を流し、ミントの葉をかざる。

a

木べらからぽってりと生地が落ちるくらいの、やわらかいとろみがついたら、火からおろす。

晴れた日には、テーブルと椅子を庭に出して、ピクニック気分でおもてなし。外で食べるごはんは気兼ねせず、春らしい淡いグリーンのピュレをクスクスやガレットに添えたり……思い思いに楽しめる取り合わせで。

春コース2
お庭でピクニック

〈あらかじめできる下ごしらえ〉　　　〈当日、お客さまが集まる前に〉　　　〈当日、お客さまが集まってから〉

料理	あらかじめできる下ごしらえ	当日、お客さまが集まる前に	当日、お客さまが集まってから
スープ　新たまねぎと白ワインのスープ　P23	材料を切る① 材料を煮る②③		あたためて、盛り付ける④
前菜　グリーンピースのピュレ　P24	グリンピースをゆでる① 材料を切る② 材料を火にかける③④ ブレンダーにかける⑤	盛り付ける	
前菜　じゃがいもとローズマリーのガレット　P25	材料の下ごしらえ①		ガレットを焼いて、盛り付ける②③
前菜　春のグリーンサラダ　P26	ドレッシングを作る① 材料の下ごしらえ②		材料を切って、盛り付ける③④
主菜　野菜とハーブのトマト煮とクスクス　P28	材料を切る①	クスクスを作る②	野菜のトマト煮を作る③④ トマト煮をあたためて、盛り付ける⑤
デザート　オレンジとココアのマフィン　P30	オレンジ煮を作る① マフィンを焼く②〜⑥ シロップを煮つめる⑦ シロップをぬる⑧		盛り付ける

春コース2・スープ

新たまねぎと白ワインのスープ

材料 (4人分)

新たまねぎ … 1個
マッシュルーム … 1パック
にんにく … 1かけ
オリーブオイル … 適量

A | 白ワイン … 50cc
  | 水 … 550cc
  | ローリエ … 1枚
  | タイム … 2〜3枝
  | 塩 … 小さじ1/2
  | 黒こしょう … 適量

粒マスタード … 適量

作り方

1 新たまねぎはたて4等分に切り、よこに薄切りにする。マッシュルームは4等分に、にんにくはみじん切りにする。

2 鍋にオリーブオイルとにんにくを入れ、弱火にかける。にんにくの香りがしてきたら、新たまねぎを加え、塩少々（分量外）をふり、中弱火でしんなりとするまで炒める。

3 2にAとマッシュルームを加えて火を強め、沸騰したら弱火にし、蓋をして10〜15分煮る。塩、黒こしょう（共に分量外）で味を調える。

4 3を器によそい、粒マスタードを添える。

※クスクスと一緒に食べるのもおすすめです。

春コース2・前菜

グリーンピースのピュレ

材料（4人分）

グリーンピース … 50g（正味）
じゃがいも … 1/2個
たまねぎ … 1/4個
にんにく … 1かけ
オリーブオイル … 適量
A｜ローリエ … 1/2枚
　｜塩 … 小さじ1/8
　｜黒こしょう … 適量

作り方

1. グリーンピースは塩ゆでをする。火がとおったら火からおろし、そのまま冷ます（a）。

2. じゃがいもは5mm厚さの薄切りにする。たまねぎ、にんにくは薄切りにする。

3. 鍋にオリーブオイルとにんにくを入れ、弱火にかける。にんにくの香りがしてきたら、たまねぎを加え、塩少々（分量外）をふり、中弱火でしんなりとするまで炒める。

4. 3にじゃがいもとAを加え、かぶるくらいの水（分量外）をそそぎ、火を強める。沸騰したら弱火にし、じゃがいもがやわらかくなったら火からおろしてローリエを取りのぞく。

5. 1をざるにあげて水気を切り、4とあわせてブレンダーにかける。なめらかになったら塩、黒こしょう（共に分量外）で味を調える。

a

グリーンピースはゆでたまま冷ますとしわができず、つやつやに仕上がる。このレシピではブレンダーにかけるけれど、グリーンピースをそのまま料理に使うときに、おすすめの冷まし方。

春コース2・前菜

じゃがいもとローズマリーのガレット

材料（4人分）

じゃがいも…3個
ローズマリー…1/2枝
オリーブオイル…適量
塩…適量
黒こしょう…適量
粗塩…適量

作り方

1　じゃがいもは皮ごと細い千切りにし、ボウルに入れる。枝からはずしたローズマリーの葉、塩、黒こしょうを加え、軽く混ぜる。

2　フライパンにオリーブオイルを熱し、1を入れて丸く広げる。木べらでぎゅっと押しつけながら(a)、中弱火でじっくりと焼く。きれいな焼き色がついたら裏返し、裏面も同様に焼く。

3　2を器に盛り、粗塩、黒こしょうをふる。

a

木べらでぎゅっと押しつけると、じゃがいもがでんぷんでくっついていく。

春コース2・前菜

春のグリーンサラダ

材料 (4人分)

葉野菜 … 適量

　（サニーレタス、ルッコラ、
　　からし菜など）

スナップエンドウ … 1/2袋

いんげん … 1/2袋

マッシュルーム … 4個

ラディッシュ … 1個

オリーブ（黒）… 6粒

ピーカンナッツ（ロースト）
　　… 大さじ1

●ドレッシング（作りやすい分量）

バルサミコ酢 … 大さじ2

メープルシロップ … 大さじ1

オリーブオイル … 大さじ1

塩 … 小さじ1/2

黒こしょう … 適量

作り方

1　ドレッシングの材料をあわせておく。

2　葉野菜はちぎって冷水にさらし、ぱりっとし
　たらしっかりと水気を切る。スナップエンド
　ウ、いんげんはすじを取り、塩ゆでをして冷
　水に落とす。冷めたらざるにあげて水気を切
　り、スナップエンドウは半分に割き、いんげ
　んは食べやすい大きさに切る。ピーカンナッ
　ツは粗くきざむ。

3　マッシュルームは2mm、ラディッシュは1mm
　厚さの薄切りにする。オリーブは半分に切る。

4　2と3を器に盛り、1を添える。

春コース2・主菜

野菜とハーブのトマト煮とクスクス

材料 (4人分)

アスパラ … 4本
菜の花 … 1/2束
パプリカ(黄) … 1/2個
ズッキーニ(小) … 1本
トマト(小) … 4個
にんにく … 1かけ
オレガノ … 適量
ローズマリー … 適量
オリーブオイル … 適量
塩 … 適量
黒こしょう … 適量

●クスクス
クスクス … 1カップ
オリーブオイル … 大さじ1/2
ブラウンマスタードシード
　　… 大さじ1/2
水 … 2カップ
塩 … 小さじ1/4

作り方

1　アスパラは皮のかたい部分をピーラーでむき、4等分に切る。菜の花、パプリカは食べやすい大きさに、ズッキーニは1cm厚さの半月切りにする。トマトはヘタを落として8等分に、にんにくはみじん切りにする。

2　クスクスを作る。小鍋にオリーブオイルとブラウンマスタードシードを入れ、蓋をして弱火にかける。ブラウンマスタードシードがはじけてきたら (a)、クスクスを加えて混ぜ、全体に油が回ったら、水、塩を加えて強火にする。沸騰したら火からおろし、蓋をして10分蒸らす。

3　フライパンにたっぷりのオリーブオイルとにんにくを入れ、弱火にかける。にんにくの香りがしてきたら、アスパラ、菜の花を加えて塩、黒こしょうをふる。中弱火でじっくり焼き、火がとおったら取り出す。

4　3のフライパンにパプリカ、ズッキーニを入れ、塩、黒こしょうをふり、中弱火でじっくりと焼く。火がとおったらトマト、ちぎったオレガノ、ローズマリーを加えて火を強める。トマトがぐつぐつしたら3を戻し、塩、黒こしょうで味を調える。

5　2と4を、それぞれ器に盛る。

※ブラウンマスタードシードがない場合は、入れなくても大丈夫です。または、クミンシードやキャラウェイシードで作るのもおすすめです。

a

蓋をあけるとブラウンマスタードシードがはじける様子がわかるが、マスタードシードと油がとぶので蓋をし、ぱちぱちとはじける音を聞いて。

オレンジとココアのマフィン

春コース2・デザート

材料（マフィン型6個分）

A | 地粉 … 75g
　| 全粒粉 … 75g
　| アーモンドパウダー … 60g
　| てんさい糖 … 20g
　| ココアパウダー … 15g
　| ベーキングパウダー
　|　　… 小さじ1
　| 重曹 … 小さじ1/2
　| 塩 … ひとつまみ

B | 無調製豆乳 … 150g
　| メープルシロップ … 大さじ4
　| なたね油 … 大さじ3

マーマレード … 大さじ2

● オレンジ煮
オレンジ（無農薬のもの）… 1個
てんさい糖、水
　　… 各オレンジの半量

作り方

1　オレンジ煮を作る。オレンジはよく洗い、皮ごと4〜5mm厚さの輪切りにする。小鍋に入れ、オレンジの重さの半量のてんさい糖と水を加えて火にかける。沸騰したら弱火にし、オレンジの皮がやわらかくなったら、火からおろして冷ます（a）。

2　マフィン型にマフィンカップを敷く。

3　Aをあわせて、大きめのボウルにふるい入れる。

4　別のボウルにBを入れ、泡立て器でよく混ぜあわせる。

5　3に4を一度に加え、ゴムベラでさっくりと混ぜる。

6　2に5を半分くらいまで流し、小さじ1杯分ずつのマーマレードを入れ、残りの生地を流し入れる。上に軽く水気を切った1をのせ、170℃に予熱しておいたオーブンで25分焼く。

7　小鍋に1の残ったシロップを入れて火にかけ、とろみがつくまで煮つめる。

8　6にはけで7をぬる。

a
オレンジ煮のできあがり。皮に透明感が出るまで煮る。

column1

「メニューの組み立て方」

大切な誰かを招いて、おもてなしをすることになったら。まずは集まる人たちを思い浮かべて、みんなでわいわいテーブルを囲んでいる様子を想像します。次に、それがどんな集まりなのか考えます。時間帯は昼なのか夜なのか。ゆっくりと時間に余裕がある集まりなのか、忙しい合間を縫ってのちょっとした時間なのか。仲のいい友人たちの集まりか、かしこまった場なのか。どんな飲みものを用意しようか、ワイン、日本酒、それともノンアルコールがいいか。例えば春のおもてなし、桜の季節に気のおけない友人たちとゆっくり集まることになったら。最初になにかひとつ、料理を思い浮かべます。メインでも、スープでも、副菜でも、季節の野菜や果物を使った料理を考えます。春らしいフルーティーな白ワインを開けて、一緒につまめるような野菜料理をいくつか用意しよう。そんなところからスタートします。春らしく菜の花を使った料理をひとつ、フライパンでさっと菜の花を焼いて、レモンと薄口しょうゆでマリネしよう、芽キャベツとかぶもあわせてみよう。これで一品決まります。
季節を問わずよく作るキャロットラペは、春にんじんにオレンジをあわせて、さっぱりと仕上げよう。それに春の野菜をたっぷり使ったサラダも作ろう。副菜が緑とオレンジになったので、スープは白にしようかな。新じゃがおいしい季節なので、ハーブをきかせたじゃがいものポタージュにしてみよう。

メインの料理は、しっかりとボリュームのある揚げものにしよう。家では揚げものをしない友人も多いので、おもてなしで揚げものは喜ばれるメニューのひとつです。最後に食後のデザート。春といえば、やっぱりいちご。揚げもののあとなので、さっぱりと冷たいデザートを作ろう。こんなふうにメニューを決めていきます。
そして、それが全部テーブルに並んだときに、どんな風景が広がるのかを想像します。そのときに大切にしているのは、料理がもたらす色の印象です。緑やオレンジ、赤、茶色、黄色、白……いろいろな色が並んでいるのが好きで、想像ができないときは、紙にラフなスケッチを描いて、色えんぴつでぬってみることもあります。
それから料理をひとつひとつ見直していきます。食材、味付け、調理法が偏っていないか。ゲストの好みを知っていたら、それも加味します。どんな料理が好きだったか、苦手な食材はないか。
もうひとつ気をつけたいのが、当日スムーズにテーブルに並べることができるメニューなのか。その場の調理が大変すぎると、自分が楽しめなくなってしまうので、ある程度仕込んでおけることも、おもてなしのメニューでは大切なポイントです。最後にもう一度、料理が並んだテーブルを思い浮かべて、全体のバランスを整えます。こうしておもてなしのメニューができあがっていきます。

夏コース1
初夏の週末

日差しが強くなってきたら、瑞々しい夏野菜と太陽が似合うスパイス料理がおもてなしの主役です。涼やかなスープやデザートも準備して、スパークリングワインで乾杯しましょう。

037

〈あらかじめできる下ごしらえ〉 → 〈当日、お客さまが集まる前に〉 → 〈当日、お客さまが集まってから〉

料理	あらかじめできる下ごしらえ	当日、お客さまが集まる前に	当日、お客さまが集まってから
スープ きゅうりの冷たいスープ P39	パンを水にひたす① / 材料の下ごしらえ② / ブレンダーにかける③		盛り付ける④
前菜 えだ豆のディップ P40	材料の下ごしらえ① / ブレンダーにかける②	盛り付ける	
前菜 全粒粉のチップス P40	生地を作る① / 生地をのばして焼く②		盛り付ける
前菜 とうもろこしとひじきとアボカドのマリネ P42	材料の下ごしらえ① / 材料を和えて、味を調える②③		アボカドを切って和え、盛り付ける④
主菜 夏野菜と豆とスパイスのごはん P44	豆の浸水①（前日） / 玄米の浸水②（前日〜2時間前） / 材料を切る③	ごはんを炊く④	野菜を焼く⑤ / 盛り付ける⑥
デザート もものあまざけシャーベット P46	ももを切り、材料をあわせて、冷凍する①（前日）	フードプロセッサーにかける②	盛り付ける③

夏コース1・スープ

きゅうりの冷たいスープ

材料 (4人分)

きゅうり…2本
にんにく…1かけ
豆乳グルト…120g
パン…1切れ
オリーブオイル…大さじ2
レモン汁…大さじ1と1/2
塩…小さじ1/3
黒こしょう…適量
ミントの葉…適量

作り方

1 パンは水（分量外）にひたして、やわらかくする（P51a参照）。
2 きゅうりは板ずりをしてから（a）、乱切りにする。にんにくはやわらかくなるまでゆでる。
3 大きめのボウルにミントの葉以外の材料を入れ、ブレンダーにかける。なめらかになったら冷蔵庫でしっかりと冷やす。
4 3を器によそい、オリーブオイル（分量外）を回しかけ、黒こしょう（分量外）をふり、ミントの葉をかざる。

※生のにんにくの食べすぎは、臭いの他、体調不良につながることもあるので、冷たいスープやフムス（P128）などある程度の量を使うときは、一度ゆでて火をとおしてから使うようにしています。

a
きゅうりの板ずり。まな板の上できゅうりに塩をふり、ごろごろころがす。いぼやえぐみ、青臭さがとれる。

えだ豆のディップ

夏コース1・前菜

材料（4人分）

A
- えだ豆 … 200g（正味）
- オリーブオイル … 20g
- タヒニ … 小さじ2
- レモン汁 … 小さじ2
- にんにく … 1かけ
- クミンパウダー … 小さじ1
- 塩 … 小さじ1/3
- 黒こしょう … 適量

無調整豆乳 … 適量

作り方

1. えだ豆はさやごとやわらかめに塩ゆでをする。さやから出して、200g分用意する。にんにくはやわらかくなるまでゆでる。
2. 1と残りのAをあわせて、ブレンダーにかける。すこしずつ無調整豆乳を足し、好みのかたさにする。

全粒粉のチップス

材料（4人分）

- 全粒粉 … 100g
- ベーキングパウダー … 小さじ1/8
- 塩 … 小さじ1/8
- 水 … 大さじ3＋適量

作り方

1. 大きめのボウルに全粒粉、ベーキングパウダー、塩を入れてざっと混ぜあわせる。水（大さじ3）を加えて、ゴムベラでざっと混ぜる。様子を見ながらすこしずつ水を加え、全体に水分が行きわたったら、生地をひとまとめにして軽くこね（a）、ラップに包んで冷蔵庫で30分休ませる。
2. 1に打ち粉（分量外）をしながら、麺棒で1〜2mm厚さにのばし、クッキングシートの上にのせ、フォークで空気穴をあける。好みの大きさに包丁で切りわけて、180℃に予熱しておいたオーブンで10〜20分、生地がぱりっとするまで焼く（b）。

※生地の厚みによって、焼き時間がかわってきます。目安は生地が乾いて、水分を感じなくなるくらいまで。

a

生地のかたさは、耳たぶくらいが目安。

b

焼きあがり。粗熱がとれたら、切りこみにそって手で割る。

夏コース1・前菜

とうもろこしとひじきとアボカドのマリネ

材料(4人分)

とうもろこし…1/2本
芽ひじき…5g
アボカド…1/2個
梅酢…小さじ1/2
粒マスタード…小さじ1/2
塩…適量
オリーブオイル…適量

作り方

1 とうもろこしは塩ゆでをして実をはずす(a)。芽ひじきはたっぷりの水でもどして、やわらかくなったらしっかりと水気を切る。

2 ボウルに梅酢、粒マスタードをあわせる。

3 2に1を加えて和え、塩、オリーブオイルで味を調える。

4 アボカドは種を取り、ちいさめの乱切りにし、3に加えてさっくりと和える。

※梅酢がない場合は、レモン汁や酢で代用できます。

a

最初の1〜2列は、バターナイフなど切れにくいナイフを使うと、実をはずしやすい。そのあとは手ではずしていく。

夏コース1・主菜

夏野菜と豆とスパイスのごはん

材料 (2合分)

玄米 … 2合

豆 … 1/2カップ

（ひよこ豆、キドニービーンズ、

　　ブラックビーンズなど）

たまねぎ … 1/4個

にんにく … 1かけ

A｜クミンシード … 小さじ1

　｜ターメリックパウダー

　｜　　 … 小さじ1/2

　｜塩 … 小さじ1/2

　｜ローリエ … 1枚

ズッキーニ … 1本

オクラ … 4本

トマト(小) … 4個

オリーブオイル … 適量

塩 … 適量

黒こしょう … 適量

下準備

1　豆はたっぷりの水でひと晩もどす。

2　玄米はといで、1.4〜1.5倍量の水 (分量外) につけておく。

作り方

3　たまねぎ、にんにくはみじん切りに、ズッキーニは1cm厚さの輪切りにする。オクラは板ずりをして、ヘタの茶色部分を落とし、ガクの部分をむき取り、たて半分に切る。トマトはヘタを落として、よこ半分に切る。

4　圧力鍋に2とつけておいた水、水気を切った1、たまねぎ、にんにく、Aを入れ、蓋をして中強火にかける。圧がかかったら弱火で25分炊く。炊きあがったら火からおろして蒸らす。

5　フライパンにオリーブオイルを中火で熱し、ズッキーニ、オクラ、トマトを焼く。塩、黒こしょうをふり、こんがりと焼き色をつける。

6　4を器に盛り、5を添える。

夏コース1・デザート

もものあまざけシャーベット

材料(4人分)

もも…2個
玄米あまざけ…200g

作り方

1. ももは種を取り、適当な大きさに切る。玄米あまざけとあわせてフードプロセッサーにかけ、ジッパーつき保存袋などに入れて冷凍庫でひと晩凍らせる。
2. 食べる1〜2時間前に1をジッパーつき保存袋から出し(a)、フードプロセッサーにかけてなめらかにし、冷凍庫へ入れる。
3. 2を器に盛る。

※アイスクリームの機械を使わないで作る氷菓です。長時間冷凍をしておくと、かたくなってしまうので、食べる1〜2時間前にフードプロセッサーにかけておくと、ほどよいかたさになります。

ジッパーつき保存袋に板状に入れて凍らせておくと、冷凍庫から出してすぐに割って取り出せる。バットに薄く凍らせてもよい。

夏コース2
海辺のブランチ

仕込んでおいた料理とバゲット、ビールにすいかも用意して、海辺の木陰に広げれば、楽しい一日のはじまりです。タブレやキッシュ、ゼリーなど、家で食べても夏らしく、持ちよりにも喜ばれるメニューです。

〈あらかじめできる下ごしらえ〉　　　　〈当日、お客さまが集まる前に〉　〈当日、お客さまが集まってから〉

料理	あらかじめできる下ごしらえ	当日、お客さまが集まる前に	当日、お客さまが集まってから
スープ トマトの冷たいスープ P51	パンを水にひたす①／材料を切る②／ブレンダーにかける③		盛り付ける④
前菜 もものサラダ P52			ももを切る①／盛り付ける②
前菜 ズッキーニとハーブのサラダ P53	ズッキーニを切る①／ズッキーニを焼いて、マリネする②		盛り付ける③
前菜 緑のタブレ P54	材料を切る①／クスクスを作る②／材料をあわせて、味を調える③		盛り付ける④
主菜 夏野菜の玄米キッシュ P56	生地を作る①／生地を焼く②／豆腐のペーストを作る③／フィリングを作る④／材料を切る⑤／材料をつめて焼く⑥		盛り付ける
デザート キウイとミントのゼリー P58	レモンシロップを作る①／ゼリー液を作る②③	キウイを切る④	盛り付ける⑤

トマトの冷たいスープ

夏コース2・スープ

材料（4人分）

- トマト … 3〜4個
- パプリカ（赤）… 1/2個
- セロリ … 10cm
- パン … 1切れ
- A│ オリーブオイル … 大さじ2
  │ レモン汁 … 大さじ2
  │ 塩 … 小さじ1/2
- パプリカパウダー … 適量

作り方

1. パンは水（分量外）にひたして、やわらかくする（a）。
2. トマト、パプリカは、かざり用にすこし取りわけ、5mmの角切りにする。
3. 残りのトマト、パプリカ、セロリはざく切りにする。大きめのボウルに1のパン、Aとあわせて入れ、ブレンダーにかける。なめらかになったら冷蔵庫でしっかりと冷やす。
4. 3を器によそい、2をのせ、オリーブオイル（分量外）を回しかけ、パプリカパウダーをふる。

水にひたしたパンは、水気は切らずに、吸った水分も一緒に使う。

夏コース2・前菜

もものサラダ

材料 (4人分)

もも…1個
レモン汁…適量
白バルサミコ酢…適量
オリーブオイル…適量
エストラゴン…適量
粗塩…適量
黒こしょう…適量

作り方

1 ももは種を取り、食べやすい大きさに切る。
2 1を器に盛り、粗塩、黒こしょうをふる。レモン汁、白バルサミコ酢、オリーブオイルを回しかけ、エストラゴンをちらす。

※エストラゴンがない場合は、入れなくても大丈夫です。または、ディルやミントの葉で代用できます。

夏コース2・前菜

ズッキーニとハーブのサラダ

材料（4人分）

- ズッキーニ … 1本
- ローズマリー … 1枝
- タイム … 3～4枝
- レモン汁 … 適量
- 塩 … 適量
- 黒こしょう … 適量
- オリーブオイル … 適量
- ディル … 適量

作り方

1. ズッキーニはたてにシマシマになるように皮をむいてから（a）、1cm厚さの輪切りにする。
2. 1を天板に並べ、塩、黒こしょう、オリーブオイルを回しかけ、200℃に予熱しておいたオーブンで10分焼く。熱いうちにバットにうつし、ローズマリー、タイム、レモン汁を加える。粗熱がとれたら冷蔵庫で冷やす。
3. 2を器に盛り、ディルを添える。

a
ズッキーニはピーラーでシマシマに皮をむく。

夏コース2・前菜

緑のタブレ

材料 (4人分)

クスクス … 1カップ
にんにく … 1かけ
オリーブオイル … 小さじ1
水 … 300cc
塩 … 小さじ1/2
パセリ … 2枝
レモン汁 … 大さじ1
オリーブ(黒) … 10粒
グリーンピスタチオ … 小さじ1

作り方

1 にんにく、パセリはみじん切りにする。オリーブは半分に切り、グリーンピスタチオは粗くきざむ。

2 鍋にオリーブオイルとにんにくを入れ、弱火にかける。にんにくの香りがしてきたら、クスクスを加えて混ぜ、全体に油が回ったら、水、塩を加えて強火にする。沸騰したら火からおろして蓋をし、10分蒸らす。

3 2をボウルにうつし、パセリ、レモン汁を加えて、塩、黒こしょう、オリーブオイル(すべて分量外)で味を調える。

4 3にオリーブ、グリーンピスタチオを加えてさっと和え、器に盛る。

※グリーンピスタチオがない場合は、入れなくても大丈夫です。または、くるみやアーモンドなど、他の木の実で作るのもおすすめです。

夏野菜の玄米キッシュ

夏コース2・主菜

材料（直径18cmのキッシュ型1台分）

● 生地

地粉 … 150g

塩 … 小さじ1/2

オリーブオイル … 30g

水 … 30g＋適量

● フィリング

玄米（炊いてあるもの）… 200g

たまねぎ … 1/8個

にんにく … 1かけ

オリーブオイル … 適量

塩 … 適量

黒こしょう … 適量

● 豆腐のペースト

もめん豆腐 … 250g

オリーブオイル … 大さじ1

白みそ … 大さじ1/2

粒マスタード … 小さじ1/2

塩 … 小さじ1/2

濃口しょうゆ … 小さじ1/4

ズッキーニ … 1/4本

プチトマト … 4個

麻の実 … 大さじ1

作り方

1　生地を作る。大きめのボウルに地粉、塩を入れ、ざっと混ぜあわせる。オリーブオイルを回し入れ、手のひらで粉と油をすりあわせる。粉と油がなじんだら、水を加えて生地をひとつにまとめる。まとまらないときは、様子を見ながらすこしずつ水を加える。ラップに包んで冷蔵庫で30分休ませる。

2　1を型よりひとまわり大きくのばし、型に敷く。フォークで空気穴をあけて重しをし、200℃に予熱しておいたオーブンで10分焼く。一度オーブンから取り出して重しをはずし、さらに15分焼く。

3　フィリングを作る。たまねぎ、にんにくはみじん切りにする。フライパンにオリーブオイルとにんにくを入れ、弱火にかける。にんにくの香りがしてきたら、たまねぎを加えて塩少々をふり、中弱火でしんなりとするまで炒める。玄米を加えて炒めあわせて、塩、黒こしょうで味を調える。

4　豆腐のペーストの材料をあわせてフードプロセッサーにかけて、なめらかにする。

5　ズッキーニ、ヘタを取ったプチトマトは、薄切りにする。

6　2に3を敷きつめ、4をぬり広げる。上に5を並べて、オリーブオイル（分量外）をぬる。180℃に予熱しておいたオーブンで20分焼く。一度オーブンから取り出して、麻の実をちらし、さらに10分焼く。

※麻の実はからを取りのぞいたものを使用しています。手に入らない場合は、白いりごまで代用できます。

キウイとミントのゼリー

材料（4人分）

キウイ … 1個
水 … 450cc
粉かんてん … 3cc
ミント … 20g

● レモンシロップ
てんさい糖（グラニュー糖）
　… 大さじ2
水 … 大さじ1
レモン汁 … 大さじ1

作り方

1. 鍋に水と粉かんてんを入れ、火にかける。木べらでかき混ぜ、沸騰したら弱火にし、粉かんてんがとけたら火からおろす。ミントを入れ（a）、蓋をして5分蒸らす。

2. 1をざるでこしてバットにうつし、粗熱がとれたら冷蔵庫で冷やしかためる。

3. レモンシロップを作る。小鍋にてんさい糖と水を入れ、中弱火にかける。てんさい糖がとけたら火からおろし、粗熱がとれたらレモン汁を加えて混ぜ、冷蔵庫で冷やす。

4. キウイは7〜8mm厚さのいちょう切りにする。

5. 器に2と4を重ね、ミントの葉（分量外）をかざり、3を添える。

※ミントは生のものを使用しています。レモンバーム、レモングラスで作るのもおすすめです。生のハーブがない場合は、ハーブティー用の乾燥したものでも代用できます。その場合はハーブの量を加減してください。

a
かんてんがとけたら火からおろし、すぐにミントを茎ごと入れ、色と香りを出す。

column2

「ハーブとスパイスを使う」

20代の半ば、ヨーロッパやアジアの国々を数ヶ月間旅したことがあります。気ままなひとり旅で、物価の高いヨーロッパでは、キッチンのついた宿に泊まり、自炊をするのが日々の食事でした。どこの国、どこの街でも、市場やスーパーマーケットには必ず足を運び、色とりどりの現地の食材を眺め、わくわくしながらはじめての食材を試すのが楽しみでした。基本の味付けはいたってシンプルに、塩とこしょう、オリーブオイルのみ。そこへ、日本よりも豊富に揃うスパイスやハーブで香りを足すと、ぐっと異国の味になり、いろいろな変化を楽しめるのです。たまにする外食や、現地の人の家に泊まったときにいただいた家庭料理にも、スパイスやハーブがたくさん使われていました。さまざまな味と香りは、そのときの旅の記憶とともに今も体のどこかに染み付いているのでしょう。それ以来、日本でもスパイスやハーブを好んで使うようになりました。

スパイスの中でもとりわけ好きなのは、クミンとコリアンダーで、この本でもいくつかの料理で使っています。クミンは、カレーはもちろん、フムスやなすのディップ、ファラフェル（ひよこ豆をつぶし、スパイスを混ぜて丸めて揚げるヴィーガン料理）などの中東料理にも欠かせないスパイスです。ホールとパウダーを常備していて、クミンの香りのごはんを炊いたり、炒めものを作るときは、ホールのクミンとオリーブオイルを一緒に火にかけて香りを出してから。ディップやペーストには、パウダー状のものを素材に混ぜて使っています。

コリアンダーは、主にパウダーを使っています。コリアンダーとは、香菜（パクチー）の種で、あの独特の香りを持つ葉や茎の部分とはまた違うさわやかな香りです。コリアンダーは、クミンとあわせてフムスやなすのディップに使う他、ちょっとした野菜の炒めものの仕上げにもよく使っています。日本では葉（パクチー）と種（コリアンダー）の部分が違う名前で呼ばれているので、同じ植物だとは知らない人も多いかもしれません。料理に多用するハーブは、ローズマリー、タイム、ローリエ、ディルです。めずらしいハーブでは、エストラゴンの薬草のような香りが好きで、果物の料理にあわせてたまに使います。ローズマリー、タイム、ローリエは、料理と一緒に煮込む、焼く、漬けるという使い方をすることが多く、ディルやエストラゴンは、生のままサラダにあわせています。

手に入るときは、なるべくフレッシュなハーブを使うようにしていますが、1パック買っても使いきれないこともしばしばあります。基本はドライハーブにして保存をすることが多いのですが、残念ながら湿気の多い鎌倉では、季節によっては干しておくと、水分がなくなる前にカビが生えてしまうこともすくなくありません。そんなときは、オーブンの余熱で乾燥させたり、冷蔵庫でじわじわ乾燥させたりもします。エストラゴンが余ったときは、白ワインビネガーに漬けてハーブビネガーを仕込み、長く楽しみます。

スパイスやハーブは、ほんのすこし加えるだけでいつもの料理に変化をくれたり、その香りは気持ちをどこか遠い国へ連れていってくれたり、わたしにとってちょっとした魔法のような食材です。おもてなしの料理にも、スパイスやハーブを取り入れると、お客さまと旅をしているような気持ちになり、その時間を一緒に楽しめたらいいなと思うのです。

秋コース1
実りの秋ごはん

涼しい風が吹きはじめたら、
実りの季節はすぐそこに。
夏の名残も味わえる
秋色のレシピを集めました。
さまざまな食感を楽しめて、
食いしん坊も大満足です。

〈あらかじめできる下ごしらえ〉　　　　　〈当日、お客さまが集まる前に〉　　〈当日、お客さまが集まってから〉

スープ　さつまいもとローズマリーのポタージュ　P67
材料の下ごしらえ① → 材料を煮る② → ブレンダーにかける③ → 味を調える④ → あたためて、盛り付ける⑤

前菜　きのことレンズ豆のペースト　P68
レンズ豆をゆでる① → 材料を切る② → 材料を煮る③④ → ブレンダーにかけて、味を調える⑤ → 盛り付ける⑥

前菜　黒こしょうのクラッカー　P68
生地を作る①② → 生地をのばして焼く③ → 盛り付ける

前菜　いちじくとぶどうの赤いサラダ　P70
材料の下ごしらえ① → いちじくとマッシュルームを切る② → 盛り付ける③

主菜　まいたけのコーンミールフライ　P71
衣を作る① → まいたけに衣をつける② → フライを揚げて、盛り付ける③

主菜　なすのソテーとパセリのごはん　P72
玄米の浸水①（前日〜2時間前） → 材料の下ごしらえ②③ → ごはんを炊く④ → なすを切って焼く⑤ → 盛り付ける⑥

デザート　洋なしとスパイスのケーキ　P74
洋なしを煮る① → ケーキを焼く②〜⑥ → ピスタチオをちらす⑦ → 盛り付ける

秋コース1・スープ

さつまいもとローズマリーのポタージュ

材料(4人分)

さつまいも…250g(正味)
たまねぎ…1/4個

A | 水…300cc
　| ローズマリー…3枝
　| 塩…小さじ1/2

無調整豆乳…200cc
黒こしょう…適量
ローズマリー…適量

作り方

1 さつまいもは2cm厚さの輪切りにして、水にさらしてあく抜きをする。たまねぎは薄切りにする。

2 鍋に水気を切ったさつまいも、たまねぎ、Aを入れて中強火にかけ、沸騰したら弱火にする。さつまいもがやわらかくなったら火からおろす。

3 2の粗熱がとれたら、ローズマリーを取りのぞき、ブレンダーにかけてなめらかにする。

4 3に無調整豆乳を入れて沸騰する手前まであたため、塩(分量外)で味を調える。

5 4を器によそい、黒こしょうをふり、ローズマリーをかざる。

秋コース1・前菜

きのことレンズ豆のペースト

材料(4人分)

レンズ豆 … 50g
きのこ … 150g
　(しいたけ、まいたけ、えのき、しめじなど)
たまねぎ … 1/2個
にんにく … 1かけ
オリーブオイル … 適量
A｜水 … 大さじ1
　｜塩 … 小さじ1/4
　｜黒こしょう … 適量
　｜ローリエ … 1枚
クミンパウダー … 小さじ1/2
かぼちゃの種 … 小さじ1
ひまわりの種 … 小さじ1
パプリカパウダー … 適量

作り方

1 レンズ豆はざっと洗って鍋に入れる。たっぷりの水を入れて中強火にかけ、沸騰したら豆がおどるくらいの火加減でゆでる。豆がやわらかくなったら、ざるにあげて水気を切る。

2 きのこは適当な大きさに切りわける。たまねぎ、にんにくは薄切りにする。かぼちゃの種、ひまわりの種は粗くきざむ。

3 鍋にオリーブオイルとにんにくを入れ、弱火にかける。にんにくの香りがしてきたら、たまねぎを加え、塩少々(分量外)をふり、中弱火でしんなりとするまで炒める。きのことAを加える(a)。沸騰したら蓋をして蒸し煮にする。

4 3がくたくたに煮えたら蓋をあけ、水分が残っていたら煮とばす。

5 4のローリエを取りのぞき、1とクミンパウダーを加え、ブレンダーにかけてなめらかにする。塩、黒こしょう(共に分量外)で味を調える。

6 5を器に盛り、オリーブオイルを回しかけ、かぼちゃの種、ひまわりの種をちらし、パプリカパウダーをふる。

a
すこしの水できのことたまねぎを蒸し煮にし、甘みを引き出す。

黒こしょうのクラッカー

材料(作りやすい分量)

地粉 … 150g
塩 … 小さじ1/3
黒こしょう … 適量
オリーブオイル … 30g
水 … 大さじ3+適量
粗塩 … 適量

作り方

1 大きめのボウルに地粉、塩、黒こしょうを入れ、ざっと混ぜあわせる。

2 1にオリーブオイルを回し入れ、手のひらで粉と油をすりあわせる。粉と油がなじんだら、水(大さじ3)を加えて、ゴムベラでざっと混ぜる。まとまらないときは、様子を見ながらすこしずつ水を加え、ひとつにまとまったら、生地を半分にちぎって重ねる作業を何度かくり返し、ラップに包んで冷蔵庫で30分休ませる。

3 2を麺棒で3mm厚さにのばし、粗塩、黒こしょうをふる。クッキングシートの上にのせ、フォークで空気穴をあける。好みの大きさに包丁で切りわけて、180℃に予熱しておいたオーブンで20分焼く。

秋コース1・前菜

いちじくとぶどうの赤いサラダ

材料(4人分)

いちじく…2個
ぶどう(巨峰など)…1/2房
紫キャベツ…1〜2枚
マッシュルーム…2個
塩…適量
黒こしょう…適量
オリーブオイル…適量

作り方

1 ぶどうは湯むきをして冷やす(a)。紫キャベツは食べやすい大きさに手でちぎり、塩もみをする。しんなりとしたら軽く洗って水気を切る。

2 いちじくは皮ごと6等分のくし切りに、マッシュルームは薄切りにする。

3 1と2を器に盛り、塩、黒こしょうをふり、オリーブオイルを回しかける。

※このサラダに、ちぎった生ハムやブルーチーズをあわせるのもおすすめです。

沸騰した湯にぶどうを入れ、皮がはじけてきたら、すぐに冷水に落として冷ますと皮がむきやすくなる。

秋コース1・主菜

まいたけのコーンミールフライ

材料 (4人分)

まいたけ … 1パック

●コーンミールの衣
コーンミール … 100g
ドライバジル … 小さじ1/2
塩 … 小さじ1/2
黒こしょう … 適量
ガーリックパウダー … 適量

地粉 … 適量
水溶き地粉 … 適量
揚げ油 … 適量
レモン … 2切れ

作り方

1 コーンミールの衣の材料をあわせておく。

2 まいたけは食べやすい大きさにほぐし、地粉をはたく。水溶き地粉にくぐらせ、1をつける。

3 2を中温の油で揚げる。しっかりと油を切って器に盛り、レモンを添える。

※パン粉の代わりに、コーンミールを衣にしたフライで、がりがりっとした食感に揚がります。コーンミールがない場合は、パン粉で代用できます。

秋コース1・主菜

なすのソテーとパセリのごはん

材料（2合分）

玄米…2合

A｜パセリ…2枝
　｜レモン汁…大さじ1と1/2
　｜オリーブオイル
　｜　…大さじ1と1/2
　｜塩…小さじ1/2
　｜黒こしょう…適量

なす…小3本
にんにく…1かけ
オリーブオイル…適量
塩…適量
黒こしょう…適量

下準備

1　玄米はといで、1.2〜1.3倍量の水（分量外）につけておく。

作り方

2　パセリはみじん切りにし、残りのAとあわせておく。

3　にんにくは薄切りにする。

4　圧力鍋に1とつけておいた水を入れ、蓋をして中強火にかける。圧がかかったら弱火で25分炊く。炊きあがったら火からおろして蒸らす。

5　なすはヘタを落とし、5mm厚さにたてに切る (a)。フライパンにオリーブオイルとにんにくを入れ、弱火にかける。にんにくの香りがしてきたらなすを並べ、塩、黒こしょうをふって中火で焼く。

6　4に2を加えて混ぜ、器に盛る。5を並べて、クレソン（分量外）を添える。

なすはたてにスライスすると、盛り付けが楽しい。

秋コース1・デザート

洋なしとスパイスのケーキ

材料（18cmのパウンド型1台分）

洋なし … 1/2個

てんさい糖
　… 洋なしの重さの20％

水 … 大さじ1

A｜ 地粉 … 50g
　　 全粒粉 … 50g
　　 アーモンドパウダー … 50g
　　 てんさい糖 … 20g
　　 コーヒーパウダー … 大さじ1
　　 ベーキングパウダー
　　　　 … 小さじ1
　　 シナモンパウダー … 小さじ1
　　 カルダモンパウダー
　　　　 … 小さじ1/2
　　 塩 … ひとつまみ

B｜ 無調整豆乳 … 125cc
　　 メープルシロップ … 大さじ4
　　 なたね油 … 大さじ3

グリーンピスタチオ … 適量

作り方

1　洋なしは芯を取り、1cm厚さのくし切りにする。厚手の鍋に洋なしを並べ、洋なしの重さの20％のてんさい糖と水を入れて中強火にかける。沸騰したら中弱火にし、蓋をして蒸し煮にする。火がとおったら火からおろす。洋なしを取り出し、シロップはとろみがつくまで煮つめる。

2　パウンド型にクッキングシートを敷く。

3　Aをあわせて、大きめのボウルにふるい入れる。

4　別のボウルにBを入れ、泡立て器でよく混ぜあわせる。

5　3に4を一度に加え、泡立て器でざっくりと混ぜる。粉っぽさがなくなったら、ゴムベラにかえてさっくりと混ぜる。

6　2に5を流し、空気を抜いて表面を平らにならし、上に洋なしを並べる。170℃に予熱しておいたオーブンで35分焼く。まんなかに竹串をさして、なにもついてこなければ焼きあがり。はけで1のシロップをぬる。

7　6が冷めたら、グリーンピスタチオをきざんでちらす。

※生の洋なしがない場合は、りんごまたは市販の洋なしのシロップ煮で代用できます。シロップ煮を使う場合は、1の工程は省略してください。

075

秋コース2
夜長のディナー

日が短くなった夕暮れには、
ランプとキャンドルを灯して、
ロマンチックなテーブルを演出。
きのこや根菜、いちじく、ぶどう……
旬の味覚を心ゆくまで堪能できる
うれしい秋の夜長です。

〈あらかじめできる下ごしらえ〉　　〈当日、お客さまが集まる前に〉　　〈当日、お客さまが集まってから〉

料理	あらかじめできる下ごしらえ	当日、お客さまが集まる前に	当日、お客さまが集まってから
スープ きのこのポタージュ P79	材料を切る① → 材料を煮る②③ → ブレンダーにかける④ → 味を調える⑤		あたためて、盛り付ける
前菜 紫キャベツとマッシュルームの前菜 P80	紫キャベツの下ごしらえ① → オイルとマスタードシードを火にかける② → 味を調える③		マッシュルームを切って、盛り付ける④
前菜 秋のグリーンサラダ P81	材料の下ごしらえ① → ドレッシングを作る②		アボカドを切る③ → 盛り付ける④
主菜 野菜ときのこのハーブグリル P82	材料の下ごしらえ①	じゃがいもとにんじんを耐熱皿に並べる②	じゃがいもとにんじんを焼く② → きのこを加えて焼く③ → ブロッコリーを加えて焼く④ → 盛り付ける
パン スパイスソーダブレッド P84	スパイスソーダブレッドを焼く①〜④		
デザート いちじくの焼きケーキ P86	ケーキを焼く①〜⑥		
デザート ぶどうと白ワインのゼリー P88	シャインマスカットの下ごしらえ① → ゼリー液を作る② → 器に流して、冷蔵庫で冷やす③		

秋コース2・スープ

きのこのポタージュ

材料（4人分）

きのこ…250g
　（しいたけ、まいたけ、えのき、
　　しめじなど）
たまねぎ…1/2個
にんにく…1かけ
オリーブオイル…適量

A｜水…300cc
　｜タイム…3枝
　｜ローリエ…1枚
　｜ローズマリー…1枝
　｜塩…小さじ1/2
　｜黒こしょう…適量

無調整豆乳…200cc

作り方

1　きのこは適当な大きさに切りわける。たまねぎ、にんにくは薄切りにする。

2　鍋にオリーブオイルとにんにくを入れ、弱火にかける。にんにくの香りがしてきたら、たまねぎを加え、塩少々（分量外）をふって中弱火で炒める。たまねぎがしんなりとしたら、きのこを加えてさらに炒める。

3　2にAを加えて火を強め、沸騰したら弱火にして蓋をする。10分煮て火からおろす。

4　3の粗熱がとれたらハーブ類を取りのぞき、ブレンダーにかけてなめらかにする。

5　4に無調整豆乳を入れて沸騰する手前まであたため、塩、黒こしょう（共に分量外）で味を調える。

秋コース2・前菜

紫キャベツとマッシュルームの前菜

材料（4人分）

紫キャベツ…100g
塩…小さじ1/4
マッシュルーム…1/2パック
オリーブオイル…大さじ1
イエローマスタードシード
　…小さじ1/4
粗塩…適量
黒こしょう…適量
A｜白ワインビネガー…小さじ2
　｜塩…適量
　｜黒こしょう…適量

作り方

1　紫キャベツは細い千切りにして塩もみをする。

2　小鍋にオリーブオイルとイエローマスタードシードを入れ、蓋をして弱火にかける。イエローマスタードシードがはじけてきたら（P29a参照）、火からおろして冷ます。

3　1がしんなりとしたら、ざっと洗って塩気を流し、しっかりと水気をしぼる。2の半量とAを加えて和え、味を調える。

4　マッシュルームは薄切りにする。器に3を盛り、マッシュルームを添える。マッシュルームに粗塩、黒こしょうをふり、残りの2を回しかける。

※イエローマスタードシードがない場合は、入れなくても大丈夫です。代わりにAに粒マスタードを加えても。

秋コース2・前菜

秋のグリーンサラダ

材料（4人分）

葉野菜 … 適量
　（ルッコラ、ハンサムレタス、
　　サンゴレタス、クレソンなど）
ブロッコリー … 1/8株
オクラ … 2本
にんじん（黄、紫）… 各3cm
アボカド … 1/2個
くるみ（ロースト）… 大さじ1
ピンクペッパー … 適量

●ドレッシング（作りやすい分量）
白バルサミコ酢 … 大さじ1
粒マスタード … 大さじ1
オリーブオイル … 大さじ1
メープルシロップ … 小さじ1
塩 … 小さじ1/2
黒こしょう … 適量

作り方

1　ドレッシングの材料をあわせておく。

2　葉野菜はちぎって冷水にさらし、ぱりっとしたら、しっかりと水気を切る。ブロッコリーは食べやすい大きさに切りわけ、塩ゆでをして冷ます。オクラはヘタの茶色部分を落とし、ガクの部分をむき取り、薄いななめ切りにする。にんじんも薄いななめ切りにする。くるみは粗くきざむ。

3　アボカドは種を取り、食べやすい大きさに切る。

4　2と3を器に盛り、ピンクペッパーをちらし、1を添える。

※黄色と紫色のにんじんを使用していますが、ない場合はオレンジ色のにんじんで代用できます。

秋コース2・主菜

野菜ときのこのハーブグリル

材料 (4人分)

じゃがいも…2個
にんじん…1/2本
ブロッコリー…1/4株
しいたけ…4枚
エリンギ…2本
ローズマリー…2枝
タイム…6枝
オリーブオイル…適量
塩…適量
黒こしょう…適量

作り方

1 じゃがいもは皮ごと半分に、にんじん、ブロッコリーは食べやすい大きさに切り、塩ゆでをする。しいたけは食べやすい大きさに、エリンギはたて半分に切る。

2 耐熱皿に薄くオリーブオイルをぬり、じゃがいも、にんじん、ローズマリー、タイムを並べ(a)、塩、黒こしょうをふり、オリーブオイルを回しかける。200℃に予熱しておいたオーブンで20分焼く。

3 一度オーブンから取り出し、しいたけ、エリンギを加え、軽く塩、黒こしょうをふり、オリーブオイルを回しかけて10分焼く。

4 最後にブロッコリーを加えて、軽く塩、黒こしょうをふり、オリーブオイルを回しかけてさらに10分焼く。

a

まずはじゃがいもとにんじんを並べて、じっくりと焼く。火がとおりやすいきのことブロッコリーは、あとから加える。

秋コース2・パン

スパイスソーダブレッド

材料（18cmのパウンド型1台分）

A｜地粉 … 225g
　｜白いりごま … 大さじ1
　｜ひまわりの種（ロースト）
　｜　　… 大さじ1
　｜かぼちゃの種（ロースト）
　｜　　… 大さじ1
　｜ベーキングパウダー … 小さじ1
　｜重曹 … 小さじ1/2
　｜キャラウェイシード
　｜　　… 小さじ1/2
　｜塩 … 小さじ1/3

B｜無調整豆乳 … 150cc
　｜オリーブオイル … 大さじ3

作り方

1　型にクッキングシートを敷く。
2　大きめのボウルにAを入れ、泡立て器で混ぜあわせる。
3　別のボウルにBを入れ、泡立て器でよく混ぜる。
4　2に3を一度に加え、ゴムベラでさっくりと混ぜ、1につめる（a）。180℃に予熱しておいたオーブンで30分焼く。

※ソーダブレッドとは、ベーキングパウダーでふくらませるパンのことです。酵母やイーストを使わない、発酵いらずのお手軽パンです。

生地のできあがりは、どっしりと重たい。型の端まで生地をつめていく。

秋コース2・デザート

いちじくの焼きケーキ

材料（直径18cmの丸型1台分）

いちじく … 3個

アーモンド（ロースト）… 大さじ3

A | 全粒粉 … 100g
アーモンドパウダー … 50g
ココアパウダー … 20g
てんさい糖 … 20g
ベーキングパウダー
　　… 小さじ1/2
塩 … ひとつまみ

B | 無調整豆乳 … 150cc
メープルシロップ … 大さじ3
なたね油 … 大さじ3
ラム酒 … 大さじ1
豆みそ … 小さじ1/2

シナモンパウダー … 小さじ1/2

てんさい糖（粉末）… 大さじ1

作り方

1　型にクッキングシートを敷く。

2　いちじくは皮ごと6等分のくし切りにする。アーモンドは粗くきざむ。

3　Aをあわせて、大きめのボウルにふるい入れる。

4　すり鉢に豆みそを入れ、少量の無調整豆乳（分量内）を加えて溶きのばす。残りのBとあわせてボウルに入れ、泡立て器でよく混ぜあわせる。

5　3に4を一度に加え、泡立て器でざっくりと混ぜる。粉っぽさがなくなったら、ゴムベラにかえてさっくりと混ぜて1に流す。空気を抜いて表面を平らにならし、上にいちじくを並べる。アーモンドをちらし、茶こしでシナモンパウダー、てんさい糖（粉末）をふる。

6　5を170℃に予熱しておいたオーブンで45分焼く。

※やわらかめの焼きあがりになるので、冷蔵庫で冷やすと切りやすくなります。

秋コース2・デザート

ぶどうと白ワインのゼリー

材料（4個分）

シャインマスカット … 1/4房

A | 白ワイン … 100cc
　| 水 … 150cc
　| 粉かんてん … 小さじ3/4

白ぶどうジュース … 150cc
てんさい糖（グラニュー糖）
　… 20g

作り方

1　シャインマスカットは半分に切る。種がある場合は取りのぞく。

2　鍋にAを入れて火にかける。木べらでかき混ぜ、沸騰したら弱火にし、粉かんてんがとけてアルコールの香りがとんだら、てんさい糖を加えてとかす。火からおろして白ぶどうジュースを加える。

3　2の1/3量を残して、器に流す。粗熱がとれてかたまりかけてきたら、1を加え（a）、残りの2を上から流す。冷蔵庫で冷やしかためる。

ゼリー液がかたまりかけてきたところでシャインマスカットを加えると、浮いている状態にできる。

column3

「季節の果物を使う」

食後に生で食べたり、ケーキやデザートに使うのがあたり前だった果物を、いつのころからか、料理にも取り入れるようになりました。野菜とは違う甘さと酸味があるため、食材としてのおもしろさがあり、季節を感じられるのも果物のいいところです。ハウス栽培や輸入品のおかげで、一年中手にすることができる果物も増えていますが、まだまだその季節にならないと味わえないものがたくさんあります。

冬から春にかけて並ぶ真っ赤ないちごは、そのかわいい見た目だけでわくわくします。いちごが姿を見せなくなるころ、さくらんぼやもも、プラム、びわ、あんずが並びはじめると、夏が近いんだなぁと感じます。そして夏の果物と言えばすいか！（厳密に言えば、すいかは野菜でもありますが）。料理とはちょっと違うけれど、はじめて果物に塩をかけて食べたのは、すいかだったのかもしれません。

夏から秋のはじまりはいちじく。そのまま食べるのはもちろん、サラダにしても、煮ても焼いても、そしてドライにしてもおいしいいちじくは、大好きな果物のひとつです。そして実りの秋は、ぶどうや柿、洋なしの季節。冷たい前菜やサラダとしての料理の他、オーブンで焼いたり、フライパンで炒めたり……あたたかい料理の素材としても大活躍です。

調理法は基本的にごくシンプルで、（必要ならば皮をむき）好きな大きさに切って器に並べ、粗めの塩をぱらりとふります。オリーブオイルを回しかけて、仕上げに黒こしょうをふるだけで、簡単にきれいな一品になります。さらにいくつかの果物を組みあわせる、レモンやお酢で酸味を加える、ハーブを足す、チーズや生ハムとあわせる、そんなちょっとしたアレンジで、おもてなしにぴったりの一皿ができあがります。

本書で紹介している料理はおもにヴィーガンですが、乳製品、肉や魚も果物によくあいます。オレンジとにんじんのラペ（P12）に、ミモレット（オレンジ色のチーズ）をたっぷりすりおろすと、オレンジ色のグラデーションが美しいサラダになります。いちじくとぶどうの赤いサラダ（P70）には、ちぎった生ハムや青カビのチーズが好相性。かぶと金柑のサラダ（P112）に、たいやひらめ、ホタテなどをプラスすれば、魚介のサラダができあがります。

オーブンでじっくりと焼く果物は、甘みがましてまた格別です。野菜ときのこのハーブグリル（P82）に鶏肉やりんご、オレンジをあわせれば、さまざまな食感と味わいが楽しめるごちそうに仕上がります。

果物が料理に加わると、すこし特別な一皿になり、テーブル上のおもてなしの世界をぐんと広げてくれる気がするのです。

人が集まる機会の多い冬には、
パーティにぴったりのメニューを。
手間ひまかけてローフを仕込み、
色鮮やかなごはんを炊きあげます。
みんなが集まったら、
とっておきのロゼを開けて、
おしゃべりに花を咲かせましょう。

冬コース1
冬のごちそう

〈あらかじめできる下ごしらえ〉 〈当日、お客さまが集まる前に〉 〈当日、お客さまが集まってから〉

スープ　ブロッコリーとじゃがいものスープ　P97
材料を切る①　→　材料を煮る②③　→　ブロッコリーを加えて煮る④　盛り付ける

前菜　緑のだいこんのメープルビネガーマリネ　P98
だいこんを切って、塩もみをする①　→　材料を和える②　→　盛り付ける③

前菜　パセリとカシューナッツのペースト　P99
カシューナッツの浸水①（前日）　→　ブレンダーにかける②　→　盛り付ける

主菜　レンズ豆と木の実のローフ　P100
レンズ豆をゆでる①　→　ローフを焼く②〜⑤　→　切る⑥　→　あたためて、盛り付ける⑥

主菜　ごぼうとターメリックのごはん　P102
玄米の浸水①（前日〜2時間前）　にんにくを切る②　→　ごはんを炊く③　→　ごぼうをピーラーでむき、揚げる④　盛り付ける⑤

デザート　ココナッツサワークリームとベリーのデザート　P104
ココナッツミルクを冷蔵する①（前日）　豆乳グルトを水切りする②（前日）　ココナッツサワークリームを作る③（前日）　ラズベリーソースを作る④　→　盛り付ける⑤

冬コース1・スープ

ブロッコリーとじゃがいものスープ

材料 (4人分)

ブロッコリー…1/2株
じゃがいも…2個
たまねぎ…1/2個
にんにく…1かけ
オリーブオイル…適量

A | 水…600cc
　 | ローリエ…1枚
　 | 塩…小さじ1/2
　 | 黒こしょう…適量

作り方

1　ブロッコリーは小房に切りわける。じゃがいもは乱切りにする。たまねぎ、にんにくは薄切りにする。

2　鍋にオリーブオイルとにんにくを入れ、弱火にかける。にんにくの香りがしてきたら、たまねぎを加えて塩少々(分量外)をふり、中弱火でしんなりとするまで炒める。

3　2にAとじゃがいもを加えて火を強め、沸騰したら弱火にし、じゃがいもにすっと竹串がとおるようになるまで煮る。

4　3にブロッコリーを加え、ブロッコリーがくたっとするまで煮る。塩、黒こしょう(共に分量外)で味を調える。

冬コース1・前菜

緑のだいこんのメープルビネガーマリネ

材料(4人分)

- ビタミンだいこん … 200g
- 塩 … 小さじ1/2
- 白ワインビネガー … 大さじ1
- メープルシロップ … 大さじ1/2
- 黒こしょう … 適量
- オリーブオイル … 適量
- ディル … 適量

作り方

1. ビタミンだいこんは薄い輪切りにし、塩もみをしてしばらく置いておく。たっぷり水分が出たら、しっかりと水気をしぼる。
2. ボウルに1を入れ、白ワインビネガー、メープルシロップ、黒こしょう、オリーブオイルを加えて和える。
3. 2を器に盛り、ディルをちらす。

※緑色のだいこんがない場合は、白、紫、赤色などのだいこんや、かぶで代用できます。

a

赤い大根で作るのもおすすめ。写真は紅くるりで作ったメープルビネガーマリネ。

パセリとカシューナッツのペースト

冬コース1・前菜

材料(作りやすい分量)

カシューナッツ(ロースト) … 100g
パセリ … 2枝
塩 … 小さじ1/4
レモン汁 … 少々

下準備

1 カシューナッツはひと晩水(分量外)につけておく。

作り方

2 1の水気を切り(水は捨てずに取っておく)、パセリ、塩、レモン汁とあわせてブレンダーにかける。つけておいた水でかたさを調整し、なめらかなペースト状にする。

※レンズ豆と木の実のローフ(P100)とあわせて食べるのもおすすめです。

冬コース1・主菜

レンズ豆と木の実のローフ

材料 (18cmのパウンド型1台分)

レンズ豆 … 120g

木の実(ロースト) … 100g

　(くるみ、かぼちゃの種、ひまわり
　の種など)

たまねぎ … 1/2個

にんじん … 1/4本

きのこ … 200g

　(しめじ、まいたけなど)

にんにく … 1かけ

オリーブオイル … 適量

クミンシード … 小さじ1

A｜クミンパウダー … 小さじ1/2
　｜コリアンダーパウダー
　｜　　… 小さじ1/2
　｜塩 … 小さじ1/2
　｜ナツメグ … 適量
　｜黒こしょう … 適量

無調整豆乳 … 100cc

パン粉 … 20g

全粒粉 … 30gくらい

作り方

1　レンズ豆はざっと洗って鍋に入れる。たっぷりの水を入れて中強火にかけ、沸騰したら豆がおどるくらいの火加減でゆでる。豆がやわらかくなったら、ざるにあげて水気を切る。

2　パウンド型にクッキングシートを敷く。

3　木の実は粗くきざみ、たまねぎ、にんじん、きのこ、にんにくはみじん切りにする。

4　フライパンにオリーブオイル、クミンシード、にんにくを入れ、弱火にかける。スパイスの香りがしてきたら、たまねぎを加え、塩少々(分量外)をふり、中弱火でしんなりとするまで炒める。にんじん、きのこを加えてさらに炒め、塩、黒こしょう(共に分量外)で味を調える。

5　大きめのボウルに1、木の実、4、Aを入れてよく混ぜる。無調整豆乳、パン粉、全粒粉を加えて混ぜ、様子を見ながらかたさを調整し、2につめる。表面を平らにならし、170℃に予熱しておいたオーブンで60分焼く。

6　5を切り分け、トースターやオーブンで表面を軽く焼く。器に盛り、葉野菜(分量外)や紅くるりのメープルビネガーマリネ(P98a)を添える。

冬コース1・主菜

ごぼうとターメリックのごはん

材料（2合分）

玄米…2合
にんにく…1かけ
クミンシード…小さじ1
ブラウンマスタードシード
　…小さじ1/2
ターメリックパウダー
　…小さじ1/2
塩…小さじ1/2
ローリエ…1枚
オリーブオイル…適量
ごぼう…1本
玄米粉…適量
塩…適量
黒こしょう…適量
揚げ油…適量

下準備

1　玄米はといで、1.2～1.3倍量の水（分量外）につけておく。

作り方

2　にんにくはみじん切りにする。

3　圧力鍋にオリーブオイル、クミンシード、ブラウンマスタードシード、2を入れ、蓋をして弱火にかける。スパイスの香りがしてきたら、1とつけておいた水、ターメリックパウダー、塩、ローリエを加えて中強火にして蓋をする。圧がかかったら弱火で25分炊く。炊きあがったら火からおろして蒸らす。

4　ごぼうはよく洗って土を落とし、ピーラーで細長くむき（a）、玄米粉をつける。低温の油でぱりっとするまで揚げ、塩、黒こしょうをふる。

5　3を器に盛り、4をかざる。

a

ごぼうはピーラーでリボン状にする。

冬コース1・デザート

ココナツサワークリームとベリーのデザート

材料（4人分）

- ココナツサワークリーム
  - ココナツミルク（安定剤不使用）… 1缶
  - 豆乳グルト … 400g
  - てんさい糖 … 40g
- ラズベリーソース
  - 冷凍ラズベリー … 100g
  - てんさい糖 … 30g
  - レモン汁 … 少々
- メープルグラノーラ（P136参照）… 適量
- ベリー類 … 適量
  - （いちご、ブルーベリー、赤すぐりなど）
- ミントの葉 … 適量

下準備

1. ココナツミルクは缶のまま冷蔵庫でひと晩冷やす。
2. 豆乳グルトは冷蔵庫でひと晩水切りをする（a）。

作り方

3. ココナツサワークリームを作る。1をそっとあけ、分離しているココナツの脂肪分を取り出す（b）。ココナツミルクの脂肪分、2、てんさい糖をあわせてブレンダーにかける。なめらかになったら冷蔵庫で冷やす。
4. ラズベリーソースを作る。鍋に冷凍ラズベリー、てんさい糖、レモン汁を入れて火にかける。沸騰したらふきこぼれない程度の火加減にし、軽くとろみがついたら火からおろす。粗熱がとれたら冷蔵庫で冷やす。
5. 器にメープルグラノーラと3を重ねる。4をのせ、上にベリー類、ミントの葉をかざる。

※メープルグラノーラは市販のグラノーラやコーンフレークで代用できます。

a

豆乳グルトの水切りには、コーヒードリッパーとペーパーフィルターを使っている。ドリッパーがない場合は、ざるとキッチンペーパーで代用できる。水切りをすると約半量になる。

b

安定剤が入っていないココナツミルクは、冷蔵庫でひと晩冷やすと、脂肪分が分離する。

寒くなると思い出すのは、何度も旅したフィンランドやデンマーク。じゃがいもやきのこの料理など、北欧に思いを馳せて作ったレシピです。ときには旅をテーマにして、異国の味をシェアするのも、おもてなしの楽しみです。

北欧の旅の記憶

冬コース2

〈あらかじめできる下ごしらえ〉 → 〈当日、お客さまが集まる前に〉 → 〈当日、お客さまが集まってから〉

スープ　ほうれん草のポタージュ　P109
ほうれん草の下ごしらえ① → 材料を切る② → スープを煮る③④ → ブレンダーにかける⑤ → 味を調える⑥ → あたためて、盛り付ける⑦

前菜　じゃがいもとビーツのサラダ　P110
じゃがいもの下ごしらえ① → ビーツとピーカンナッツの下ごしらえ② → 盛り付ける③

前菜　かぶと金柑のサラダ　P112
材料の下ごしらえ① → かぶと金柑を和える② → 盛り付ける③

主菜　ロマネスコときのこのフライ　P113
衣を作る① → 材料を切る② → 衣をつける③ → フライを揚げて、盛り付ける④

主菜　カリフラワーとルッコラと木の実のごはん　P114
お米の浸水①（前日〜2時間前） → 材料を切る② → カリフラワーをフードプロセッサーにかける② → ごはんを炊く③ → 盛り付ける④

デザート　りんごのケーキ　P116
りんごを焼く① → ケーキを焼く②〜⑥ → 盛り付ける⑦

冬コース2・スープ

ほうれん草のポタージュ

材料(4人分)

ほうれん草…3/4束
たまねぎ…1/2個
マッシュルーム…1パック
にんにく…1かけ
オリーブオイル…適量
地粉…大さじ1

A | 水…300cc
　　塩…小さじ1/2
　　ローリエ…1枚
　　黒こしょう…適量

無調整豆乳…200cc

作り方

1 ほうれん草はさっとゆでて冷水で冷まし、水気をしぼってざく切りにする。

2 たまねぎ、マッシュルーム、にんにくは薄切りにする。

3 鍋にオリーブオイルとにんにくを入れ、弱火にかける。にんにくの香りがしてきたら、たまねぎを加え、塩少々(分量外)をふり、中弱火で炒める。たまねぎがしんなりとしたら、マッシュルームを加えてさらに炒める。

4 3に地粉をふり入れて炒め、Aを加えて強火にする。沸騰したら弱火にして蓋をする。10分煮て火からおろす。

5 4の粗熱がとれたら、ローリエを取りのぞいて1を加え、ブレンダーにかけてなめらかにする。

6 5に無調整豆乳を入れて沸騰する手前まであたため、塩、黒こしょう(共に分量外)で味を調える。

7 6を器によそい、オリーブオイルを回しかけ、黒こしょう(分量外)をふる。

冬コース2・前菜

じゃがいもとビーツのサラダ

材料（4人分）

じゃがいも…2個
粒マスタード…小さじ1と1/2
白バルサミコ酢…小さじ1
ビーツ…20g
ピーカンナッツ（ロースト）
　…大さじ2
ディル…適量
塩…適量
黒こしょう…適量
オリーブオイル…適量

作り方

1　じゃがいもは皮ごとちいさめの乱切りにし、塩ゆでをする。ゆであがったら、ざるにあげて水気を切り、ボウルに入れて粒マスタード、白バルサミコ酢と和える。塩で味を調える。

2　ビーツは千切りにして水にさらしてから（a）、ざるにあげて水気を切る。ピーカンナッツは粗くきざむ。

3　1を器に盛り、ビーツをのせ、ピーカンナッツをちらす。オリーブオイルを回しかけ、ディルをちらし、黒こしょうをふる。

※できたてはあたたかいサラダとして、作り置きをするときは冷やしてもおいしく食べられます。

a

千切りにしたビーツは、10分ほど水にさらしてあく抜きをする。

冬コース2・前菜

かぶと金柑のサラダ

材料 (4人分)

- かぶ … 小3個
- ゆず … 1/4個
- 金柑 … 3個
- 塩 … 適量
- 黒こしょう … 適量
- オリーブオイル … 適量

作り方

1. かぶは8等分のくし切りにし、さらにななめ半分に切る。ボウルに入れて塩もみをし、ゆずをしぼってまぶし、しばらく置いておく。金柑は薄切りにする。
2. かぶがしんなりとしたら塩で味を調え、金柑を加えてさっと和える。
3. 2を器に盛り、オリーブオイルを回しかけ、黒こしょうをふる。

※刺身用の白身魚（たい、すずきなど）や、生ハムをあわせるのもおすすめです。

冬コース2・主菜

ロマネスコときのこのフライ

材料(4人分)

ロマネスコ … 1/4株
エリンギ … 1本
しいたけ … 2枚

A | パン粉 … 50g
  | にんにく … 1かけ
  | クミンパウダー … 小さじ1/2
  | コリアンダーパウダー … 小さじ1/2
  | 塩 … 小さじ1/3
  | 黒こしょう … 適量

地粉 … 適量
水溶き地粉 … 適量
揚げ油 … 適量
レモン … 1切れ
クレソン … 適量

作り方

1　Aをフードプロセッサーにかける(a)。

2　ロマネスコ、エリンギは食べやすい大きさに切る。しいたけは半分に切る。

3　2に地粉をはたき、水溶き地粉にくぐらせて1をつける。

4　3を中温の油で揚げる。しっかりと油を切って器に盛り、レモンとクレソンを添える。

a

パン粉、にんにく、スパイスをフードプロセッサーにかけたもの。パン粉が細かくなり、かりっとした揚げあがりになる。

113

カリフラワーとルッコラと木の実のごはん

冬コース2・主菜

材料（2合分）

- 玄米＋黒米…2合
- にんにく…1かけ
- 塩…小さじ1/2
- カリフラワー…1/4株
- ルッコラ…適量
- カシューナッツ（ロースト）…大さじ1
- 粗塩…適量
- 黒こしょう…適量
- オリーブオイル…適量

下準備

1　玄米と黒米をあわせてといで、1.2〜1.3倍量の水（分量外）につけておく。

作り方

2　カリフラワーはフードプロセッサーにかけて細かくする（a）。ルッコラは食べやすい大きさに手でちぎり、カシューナッツは粗くきざむ。にんにくはみじん切りにする。

3　圧力鍋に1とつけておいた水、にんにく、塩を入れ、蓋をして中強火にかける。圧がかかったら弱火で25分炊く。炊きあがったら火からおろして蒸らす。

4　3を器に盛り、カリフラワーをちらし、ルッコラをのせる。カシューナッツをちらして、粗塩、黒こしょうをふる。仕上げにオリーブオイルを回しかける。

※黒米は、玄米に対して1割混ぜています。お好みで黒米の割合は加減してください。

a

カリフラワーをフードプロセッサーにかけると、ぽろぽろの状態になる。

りんごのケーキ

冬コース2・デザート

材料（直径15cmの丸型1台分）

りんご…1個
てんさい糖…大さじ1
くるみ（ロースト）…20g
アーモンド（ロースト）…20g

A | 全粒粉…100g
　| アーモンドパウダー…50g
　| てんさい糖…20g
　| ベーキングパウダー…小さじ1
　| カルダモンパウダー…小さじ1/2
　| 塩…ひとつまみ

B | 無調整豆乳…120cc
　| メープルシロップ…大さじ4
　| なたね油…大さじ3

てんさい糖（粉末）…適量

作り方

1　りんごは種と芯を取り、皮ごと16等分のくし切りにする。てんさい糖をまぶして、クッキングシートを敷いた天板に並べ、170℃に予熱しておいたオーブンで10分焼く（a）。くるみ、アーモンドは粗くきざむ。

2　型にクッキングシートを敷く。

3　Aをあわせて、大きめのボウルにふるい入れる。

4　別のボウルにBを入れ、泡立て器でよく混ぜあわせる。

5　3に4を一度に加え、泡立て器でざっくりと混ぜる。粉っぽさがなくなったら、くるみとアーモンドを加え、ゴムベラにかえてさっくり混ぜる。

6　2に5を流し、空気を抜いて表面を平らにならし、上にりんごを並べる。170℃に予熱しておいたオーブンで40〜45分焼く。まんなかに竹串をさして、なにもついてこなければ焼きあがり。

7　器に6をのせ、茶こしでてんさい糖（粉末）をふる。

a

りんごはオーブンで軽く焼いてから使うと、甘みがまし、余分な水分も出ないのでケーキが水っぽくならずに焼きあがる。

column4

「盛り付けの話」

おもてなしをするときは、メニューが決まったら、器や盛り付けのことも考えておきます。どの器に盛り付けて、どんな順番で出していくのか、流れをすこし頭の片隅で考えておくと、当日がとてもスムーズになります。

わたしの場合は友人たちを招くことが多いので、はじめに出すスープは、食べやすいようにひとり分ずつスープ皿やスープカップで用意をし、そのあとの前菜やサラダ、メインの料理は大皿に盛り付けて、個々に取り分けてもらうのが基本のスタイルです。ひとつの大皿料理をみんなでシェアして、わいわい食べるのが好きだからというのと、それぞれが食べたいものを食べたい分だけ取れるよさがあります。好き嫌いがわからないときでも、苦手なものはさりげなくよけてもらえるので、お互いに気を使わずにすむのも助かります。

その日集まるゲストの顔ぶれによって、はじめのいくつかの料理をひとり分ずつにわけてサーブをすることもあります。遠慮をして大皿に手をのばしにくいような集まりの場合は、あらかじめ前菜を銘々皿にしておくと、臆することなく味わえます。それぞれのペースで食べられるのもいいところです。レストランのコース料理のように一品一皿ずつ準備をするのは、家庭でのおもてなしでは大変なので、数種類の料理をワンプレートに盛り付けます。こういうときは白いフラットな器が大活躍。汁気があるものが他の料理と混ざらないように、ちいさなココットなどもあると便利です。料理とは別に葉野菜を用意しておくと、ふわっとしたボリュームを出しやすくなります。

当日、準備しておいた料理をバランスよく盛り付けます。何種類かの料理をのせた同じプレートが並ぶと、大皿料理とはまた違ったかわいさがあって、こういうおもてなしもまたいいものだなぁと思います。

Side Dish

季節の副菜

キウイとハーブのサラダ

材料 (4人分)

キウイ…2個
ディル…適量
エストラゴン…適量
粗塩…適量
黒こしょう…適量
オリーブオイル…適量

作り方

1 キウイは7〜8mm厚さの輪切りにする。
2 1を器に並べ、粗塩、黒こしょうをふる。オリーブオイルを回しかけ、ディルとエストラゴンをちらす。

季節の副菜

自家製セミドライトマト

材料（作りやすい分量）

- プチトマト…300g
- タイム…2枝
- ローズマリー…2枝
- ローリエ…1枚
- にんにく…1かけ
- 塩…適量
- 黒こしょう…適量
- オリーブオイル…適量

作り方

1. プチトマトはヘタを取り、よこ半分に切る。クッキングシートを敷いた天板に、切り口を上にして並べ、塩をふり、130℃のオーブンに入れ、60分焼く。
2. にんにくは薄切りにする。
3. 保存容器に1、2、タイム、ローズマリー、ローリエ、黒こしょうを入れ、ひたひたにオリーブオイルをそそぎ、冷蔵庫にひと晩置く。

※冷蔵庫で4〜5日間保存できます。
※常備菜としてもおすすめです。サラダの具に、パンにのせる、チーズと一緒に食べる、パスタに使う、いろいろな食べ方ができます。
※残ったオイルはトマトやハーブ、にんにくの香りがうつって、とてもおいしくなっているので、サラダやパスタの仕上げに使えます。

季節の副菜

とうもろこしとココナッツのサラダ

材料（4人分）

とうもろこし…1本
赤たまねぎ…小1/4個
レモン汁…小さじ1
にんにく…少々
クミンシード…小さじ1/4
ココナッツフレーク…大さじ1
塩…小さじ1/4
黒こしょう…適量
オリーブオイル…適量

作り方

1 とうもろこしは塩ゆでをして実をはずす（P43a参照）。赤たまねぎは薄切りにし、レモン汁と和える。にんにくはみじん切りにする。

2 フライパンにオリーブオイル、クミンシード、にんにくを入れて弱火にかける。スパイスの香りがしてきたら、ココナッツフレークを加えて、ココナッツが軽く色づくまで炒めて火からおろす。

3 ボウルにとうもろこしと赤たまねぎを入れ、2、塩、黒こしょうを加えて和える。

アスパラのレモンマリネ

材料（4人分）

アスパラ…8本

A｜レモンの輪切り…4枚
　｜白ワインビネガー
　｜　…大さじ1
　｜オリーブオイル…大さじ1
　｜メープルシロップ
　｜　…小さじ1/2
　｜塩…小さじ1/4
　｜黒こしょう…適量

作り方

1 Aをあわせてバットに入れる。

2 アスパラは皮のかたい部分をピーラーでむき、塩ゆでをして冷水に落とす。冷めたら4等分に切り、1にひたして冷蔵庫で冷やす。

季節の副菜

じゃがいもとえだ豆のコロッケ

材料（4人分）

じゃがいも … 3個
えだ豆 … 50g（正味）
塩 … 適量
水溶き地粉 … 適量
パン粉 … 適量
揚げ油 … 適量

● プチトマトのソース
プチトマト … 150g
塩 … 適量
黒こしょう … 適量
ドライバジル … 適量

作り方

1 えだ豆はやわらかめに塩ゆでをし、さやから出す。

2 じゃがいもは皮ごと一口大の乱切りにし、すっと竹串がとおるようになるまで蒸す。

3 ボウルに1、2を入れて塩を加え、木べらやマッシャーで粗くつぶす。

4 3を12等分にして丸める。水溶き地粉にくぐらせ、パン粉をつける。

5 4を中温の油で揚げる。しっかりと油を切って器に盛り、プチトマトのソース（P17参照）を添える。

※えだ豆の代わりに、グリーンピースやとうもろこしで作るのもおすすめです。

ズッキーニのクミンソテー

季節の副菜

材料（4人分）

ズッキーニ…1本
クミンシード…小さじ1/4
にんにく…少々
塩…適量
黒こしょう…適量
オリーブオイル…適量

作り方

1 ズッキーニは1cm厚さの輪切りに、にんにくはみじん切りにする。

2 フライパンにオリーブオイル、クミンシード、にんにくを入れ、弱火にかける。スパイスの香りがしてきたら、ズッキーニを加え、塩、黒こしょうをふって中火で焼く。両面に焼き色がついたら、弱火にして蓋をし、蒸し焼きにする。

※さっと作れる一品料理。なすやだいこんで作ってもおいしいです。

季節の副菜

なすのディップ

材料（作りやすい分量）

なす…3本
タヒニ…大さじ2
オリーブオイル…大さじ1
レモン汁…大さじ1/2
にんにく…1かけ
濃口しょうゆ…小さじ1/2弱
クミンパウダー…小さじ1/2
コリアンダーパウダー
　…小さじ1/2
塩…適量
黒こしょう…適量

作り方

1　なすは竹串で何か所か穴をあけて焼き網にのせ、黒くなるまで焼き、熱いうちに皮をむく。

2　1とその他の材料をあわせてフードプロセッサーにかけ、なめらかにする。

3　2を器に盛り、お好みでオリーブオイルをたらし、ハーブ（分量外）をかざる。

※タヒニがない場合は、白ねりごまで代用できます。
※パンのディップとしてはもちろん、パスタソースとして、ゆでたパスタと和えるのもおすすめです。

フムス

材料（作りやすい分量）

ひよこ豆（水煮）…300g
無調整豆乳…大さじ6
タヒニ…大さじ4
オリーブオイル…大さじ2
レモン汁…大さじ2
にんにく…1かけ
クミンパウダー…小さじ2
コリアンダーパウダー…小さじ1
塩…適量
黒こしょう…適量

作り方

1　すべての材料をあわせて、フードプロセッサーにかけてなめらかにする。かたいときは無調整豆乳（分量外）を加えて調整をする。

2　1を器に盛り、黒こしょうをふる。

※タヒニがない場合は、白ねりごまで代用できます。

季節の副菜

にんじんとビーツのラペ

材料(4人分)

にんじん…1本
ビーツ…30g
ざくろ…1/8個

●ドレッシング(作りやすい分量)
粒マスタード…小さじ2
アップルビネガー…小さじ2
オリーブオイル…小さじ2
塩…小さじ1/3
黒こしょう…適量

作り方

1　ドレッシングの材料をあわせておく。

2　にんじん、ビーツは千切りにし、それぞれ水にさらす。ざくろはていねいに実を取り出す。

3　にんじん、ビーツをざるにあげ、しっかりと水気を切り、あわせてボウルに入れ、1を加えて和える。さらにざくろを加えてやさしく混ぜ、器に盛る。

季節の副菜

モロカンサラダ

材料（4人分）

きゅうり…1/2本
プチトマト…12個
いんげん…3本
赤たまねぎ…1/4個

A | にんにくのみじん切り
　　…少々
　　クミンパウダー
　　…小さじ1/2
　　レモン汁…小さじ1/2
　　塩…小さじ1/4
　　黒こしょう…適量
　　オリーブオイル…適量

作り方

1　きゅうりは板ずりをしてから（P39a参照）、1cm角に切る。プチトマトはヘタを取り、きゅうりよりひと回り大きく、いんげんはすじを取り、塩ゆでをしてから1cm幅に切る。赤たまねぎはみじん切りにする。

2　1をボウルに入れ、Aを加えて和え、塩、クミンパウダー（共に分量外）で味を調える。

季節の副菜

いちじくとなすとポーレンのサラダ

材料（4人分）

いちじく…2個
なす…中2本
粗塩…適量
黒こしょう…適量
オリーブオイル…適量
ポーレン…適量
ディル…適量

作り方

1 なすはヘタを落として皮をむき、15〜20分やわらかくなるまで蒸す。粗熱がとれたら冷蔵庫でよく冷やす。

2 1を食べやすい大きさに手でほぐす。いちじくは皮ごと8等分のくし切りにする。

3 2を器に盛り、粗塩、黒こしょうをふり、オリーブオイルを回しかける。仕上げにポーレンとディルをちらす。

※ポーレンとは、みつばちが花々をめぐって集めた花粉です。ポーレンがない場合は入れなくても大丈夫です。

季節の副菜

アボカドと春菊の春巻き

材料（4人分）

アボカド … 1個
春菊 … 1/2束
にんにく … 1かけ
薄口しょうゆ … 小さじ1
塩 … 小さじ1/4
春巻きの皮 … 8枚
水溶き地粉 … 適量
揚げ油 … 適量

作り方

1 春菊は1cm幅に切る。にんにくはみじん切りにする。

2 アボカドは種を取り、ボウルに入れてフォークで軽くつぶす。1、薄口しょうゆ、塩を加え、ざっくりと混ぜる。

3 2を8等分にして春巻きの皮で巻く。巻き終わりを水溶き地粉でとめる。

4 3を中温の油で揚げる。しっかりと油を切って器に盛り、お好みで葉野菜（分量外）を添える。

※レシピはシンプルな野菜の春巻きですが、生ハムやチーズを加えて巻いて揚げるのもおすすめです。

季節の副菜

焼きかぶとブロッコリーのソース

材料（4人分）

- ブロッコリーのソース
ブロッコリー…100g
ほうれん草…50g
塩…小さじ1/2弱

かぶ…小3個
塩…適量
濃口しょうゆ…適量
オリーブオイル…適量
黒こしょう…適量

作り方

1 ブロッコリーのソースを作る。ブロッコリーは小房に切りわけ、やわらかめにゆでてざるにあげる。ほうれん草はさっとゆでて、冷水で冷ます。

2 ほうれん草の水気を軽くしぼり、ブロッコリー、塩とあわせてブレンダーにかける。

3 かぶは6等分のくし切りにする。フライパンにオリーブオイルを熱して中火で焼く。塩少々をふり、焼き色がついたら濃口しょうゆを回しかけて、火からおろす。

4 器に2を敷き、3を盛り、黒こしょうをふる。

※ブロッコリーのソースは、パスタと和えてもおいしいです。
※かぶと一緒に、ほたてや白身魚をあわせるのもおすすめです。

Dessert & Drink

おまけのデザート

メープルグラノーラ

材料（作りやすい分量）

A｜オートミール … 100g
　｜全粒粉 … 50g
　｜木の実 … 80g
　｜（くるみ、ピーカンナッツ、
　｜　アーモンド、かぼちゃの種など）
　｜レモンの皮のすりおろし
　｜　… 1/2個分
　｜シナモンパウダー
　｜　… 小さじ1/4
　｜塩 … 小さじ1/4

B｜メープルシロップ … 大さじ3
　｜なたね油 … 大さじ2

C｜レーズン … 40g
　｜グリーンレーズン … 40g
　｜ドライクランベリー … 20g

作り方

1　木の実は粗くきざむ。残りのAとあわせてボウルに入れ、泡立て器でざっと混ぜあわせる。

2　別のボウルにBを入れ、泡立て器でよく混ぜあわせる。

3　1に2を一度に加え、ゴムベラでさっくりと混ぜる。粉っぽさがなくなったら、クッキングシートを敷いた天板に広げ、130℃に予熱しておいたオーブンで40～50分焼く（途中オーブンから取り出して、好みの大きさに手で割るとよい）。

4　3が冷めたら、Cを混ぜて密閉容器で保存する。

※グラノーラに使用する木の実は、ローストしてあるものでも、生でもどちらでも大丈夫です。

ココナツミルクアイス

材料（4人分）

ココナツミルク … 300g
カシューナッツ（ロースト）… 90g
てんさい糖 … 30g
塩 … ひとつまみ

作り方

1　すべての材料をあわせてフードプロセッサーにかけて、ジッパーつき保存袋などに入れて冷凍庫でひと晩凍らせる。

2　食べる1～2時間前に1をジッパーつき保存袋から出し（P46a 参照）、フードプロセッサーにかけてなめらかにし、冷凍庫へ入れる。

3　2を器に盛る。

おまけのデザート

ピーナツバタークッキー

材料（16枚分）

A ｜ 地粉 … 50g
　　 全粒粉 … 50g
　　 てんさい糖 … 20g
　　 塩 … ふたつまみ

B ｜ ピーナツバター(無糖) … 40g
　　 なたね油 … 20〜25g

水 … 大さじ2＋適量

● ピーナツバタークリーム
ピーナツバター(無糖) … 30g
てんさい糖 … 10g
塩 … ふたつまみ
水 … 小さじ2

作り方

1　ピーナツバタークリームを作る。ボウルにピーナツバター、てんさい糖、塩を入れ、水を加えてよく混ぜる。

2　大きめのボウルにAを入れ、ざっと混ぜあわせる。

3　2にBを加えて、手のひらで粉と油をすりあわせる。粉と油がなじんだら、水（大さじ2）を加えて、ゴムベラでざっと混ぜる。まとまらないときは、様子を見ながらすこしずつ水を加える。粉っぽさがなくなったら、1を加えて軽く混ぜ、生地を16等分にする。丸めてから軽くつぶして、クッキングシートを敷いた天板に並べる。

4　3を170℃に予熱しておいたオーブンで20分焼く。

おまけのデザート

バナナとココナツのマフィン

材料（マフィン型6個分）

A
- 地粉 … 75g
- 全粒粉 … 75g
- アーモンドパウダー … 75g
- てんさい糖 … 20g
- ベーキングパウダー … 小さじ1
- 重曹 … 小さじ1/2
- 塩 … ひとつまみ

B
- バナナ … 150g
- ココナツミルク … 120cc
- メープルシロップ … 大さじ4
- なたね油 … 大さじ3

●かざり用
- バナナ … 1本
- ココナツフレーク … 適量
- てんさい糖 … 適量

作り方

1. マフィン型にマフィンカップを敷く。
2. Aをあわせて、大きめのボウルにふるい入れる。
3. 別のボウルにBのバナナを入れ、フォークでつぶす。残りのBを加え、泡立て器でよく混ぜあわせる。
4. かざり用のバナナは1cm厚さの輪切りにする。
5. 2に3を一度に加え、ゴムベラでさっくりと混ぜる。
6. 1に5を流し入れ、上に4をのせ、ココナツフレーク、てんさい糖をふり、170℃に予熱しておいたオーブンで25分焼く。

おまけのデザート

きなこのアイス

材料 (4人分)

もめん豆腐 … 200g

ココナツミルク … 100g

きなこ … 35g

メープルシロップ … 40g

てんさい糖 … 40g

作り方

1　もめん豆腐は5分塩ゆでをし、ざるにあげる。すべての材料をあわせてフードプロセッサーにかけて、ジッパーつき保存袋などに入れて冷凍庫でひと晩凍らせる。

2　食べる1〜2時間前に1をジッパーつき保存袋から出し（P46a参照）、フードプロセッサーにかけてなめらかにし、冷凍庫へ入れる。

3　2を器に盛る。

マンゴーのフローズンヨーグルト

材料 (4人分)

豆乳グルト … 150g

ドライマンゴー … 100g

冷凍マンゴー … 200g

てんさい糖 … 20g

下準備

1　豆乳グルトにドライマンゴーをひたし、冷蔵庫にひと晩入れておく。

作り方

2　1、冷凍マンゴー、てんさい糖をあわせてフードプロセッサーにかけて、ジッパーつき保存袋などに入れて冷凍庫でひと晩凍らせる。

3　食べる1〜2時間前に2をジッパーつき保存袋から出し（P46a参照）、フードプロセッサーにかけてなめらかにし、冷凍庫へ入れる。

4　3を器に盛る。

おまけのデザート

ココアとピスタチオのプリン

材料(4人分)

無調整豆乳 … 400cc
ココアパウダー … 大さじ2
くず粉 … 大さじ2
粉かんてん … 小さじ1/2
てんさい糖 … 40g

● ピスタチオクリーム
きぬ豆腐 … 100g
ピスタチオペースト … 30g
てんさい糖 … 15g

作り方

1 きぬ豆腐は5分塩ゆでをし、ざるにあげる。

2 鍋にココアパウダー、くず粉、粉かんてんを入れ、少量の無調整豆乳（分量内）を加えて、木べらでよく混ぜる。だまがなくなったら残りの無調整豆乳を加えてのばす。

3 2を中弱火にかける。木べらでよく混ぜ、沸騰したら弱火にして2〜3分煮て粉かんてんをとかし、てんさい糖を加える。てんさい糖がとけたら火からおろして器に流す。粗熱がとれたら冷蔵庫で冷やす。

4 ピスタチオクリームを作る。深めのボウルに1、ピスタチオペースト、てんさい糖を入れてブレンダーにかけ、なめらかにする。

5 3が冷えたら上に4を重ねる。

おまけのデザート

コーヒーとくるみのスコーン

材料（9個分）

A｜ 地粉 … 120g
　　全粒粉 … 120g
　　アーモンドパウダー … 45g
　　てんさい糖 … 40g
　　コーヒーパウダー … 15g
　　ベーキングパウダー
　　　… 小さじ2
　　塩 … ふたつまみ

くるみ（ロースト）… 50g
なたね油 … 50g
無調整豆乳 … 100cc

●アイシング
てんさい糖 … 大さじ2
メープルシロップ … 大さじ2
無調整豆乳 … 大さじ2
コーヒーパウダー … 大さじ1

作り方

1　くるみは粗くきざむ。

2　大きめのボウルにAを入れ、ざっと混ぜあわせる。

3　2になたね油を回し入れ、手のひらで粉と油をすりあわせる。粉と油がなじんだら、無調整豆乳を加えて、ゴムベラでざっと混ぜる。粉っぽさがなくなったら、1を加え、生地をひとつにまとめる。生地を半分にちぎって重ねる作業を何度かくり返して長方形に整え、ラップに包んで冷蔵庫で30分休ませる。

4　3を9等分に切り、クッキングシートを敷いた天板に並べ、180℃に予熱しておいたオーブンで18分焼く。

5　小鍋にアイシングの材料を入れ、よく混ぜあわせてから中火にかける。沸騰したら弱火にし、とろみがつくまで煮つめる。

6　4に5をかける。

おまけのデザート

モンブラン

材料（4個分）

A 地粉 … 50g
　 栗の粉 … 25g
　 てんさい糖 … 10g
　 ベーキングパウダー
　　　 … 小さじ1/2
　 塩 … ひとつまみ

B 無調整豆乳 … 75cc
　 メープルシロップ … 大さじ2
　 なたね油 … 大さじ1と1/2

● 栗のクリーム
甘栗 … 150g
無調整豆乳 … 150cc
てんさい糖 … 30g
塩 … ひとつまみ
ラム酒 … 小さじ1

作り方

1 Aをあわせて、大きめのボウルにふるい入れる。

2 別のボウルにBを入れ、泡立て器でよく混ぜあわせる。

3 1に2を一度に加え、泡立て器でざっくりと混ぜる。粉っぽさがなくなったら、ゴムベラにかえてさっくりと混ぜる。

4 3を耐熱のプリンカップ（直径7.5cmくらいのもの）4個にわけて流し、15分蒸す。粗熱がとれたら型からはずして冷ます。

5 栗のクリームを作る。小鍋に甘栗、無調整豆乳、てんさい糖、塩を入れて中火にかける。沸騰したら弱火にし、5分煮て火からおろす。ブレンダーにかけてなめらかなクリームにする。あたたかいうちに裏ごしし、ラム酒を加える。クリームがかたいときは無調整豆乳（分量外）を加えて調整をする。

6 5をモンブラン用の口金をつけたしぼり袋に入れる。4を器にのせ、たっぷりクリームをしぼる。

※栗の粉がない場合は、地粉で代用できます。
※スポンジ生地は蒸してしっとりと仕上げていますが、オーブンで焼くこともできます。目安は170℃で15分です。

145

おまけのデザート

栗と木の実のキャラメルケーキ

材料（直径15cmの丸型 1台分）

A 地粉 … 100g
　栗の粉 … 50g
　てんさい糖 … 20g
　ベーキングパウダー
　　　 … 小さじ1/2
　重曹 … 小さじ1/2
　塩 … ひとつまみ

B 無調整豆乳 … 150cc
　メープルシロップ … 大さじ4
　なたね油 … 大さじ3

甘栗 … 80g

●キャラメルナッツ

木の実 … 100g
　（くるみ、ピーカンナッツ、アーモ
　　ンドなどをローストしたもの）
てんさい糖 … 30g
米あめ … 20g
水 … 小さじ2
なたね油 … 小さじ2/3
塩 … ひとつまみ
てんさい糖（粉末）… 適量

作り方

1　型にクッキングシートを敷く。

2　甘栗、木の実は粗くきざむ。

3　キャラメルナッツを作る。厚手の鍋にてんさい糖、米あめ、水、なたね油、塩を入れ、中弱火にかける。てんさい糖がとけて、ほんのりキャラメルの香りがしてきたら、木の実を加えて木べらで手早く混ぜる。全体にキャラメルがからんだらクッキングシートに広げて、冷めないうちに手でほぐす。

4　Aをあわせて、大きめのボウルにふるい入れる。

5　別のボウルにBを入れ、泡立て器でよく混ぜあわせる。

6　4に5を一度に加え、泡立て器でざっくりと混ぜる。粉っぽさがなくなったら、甘栗、3の1/3量を加え、ゴムベラにかえてさっくり混ぜる。

7　1に6を流し、上に残りの3をのせ、170℃に予熱しておいたオーブンで40分焼く。

8　7に茶こしでてんさい糖（粉末）をふる。

　※栗の粉がない場合は、地粉で代用できます。
　※米あめがない場合は、はちみつで代用できます。

おもてなしドリンク

カルダモンティー

材料（作りやすい分量）
番茶…10g
カルダモン…2粒
水…1ℓ

作り方
やかんに水とほぐしたカルダモンを入れ、中強火にかける。沸騰したら番茶を加え、弱火で2〜3分煮出し、火からおろす。茶こしでこしながらカップにそそぐ。
※たっぷり作るほうがおいしく感じるので、いつも多めに作っています。
※冷やして飲むのもおすすめです。

ローズマリー＋ラベンダーティー

材料（4人分）
ローズマリー…2枝
ラベンダー…小さじ3
熱湯…600cc

作り方
あたためたポットにローズマリー、ラベンダーを入れ、熱湯をそそぐ。3分蒸らし、茶こしでこしながらカップにそそぐ。

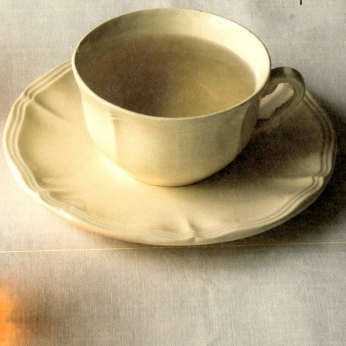

カモミールのジンジャーエール&ホットジンジャー

おもてなしドリンク

材料（作りやすい分量）

●カモミールのジンジャーシロップ
しょうが…200g
てんさい糖…200g
水…200cc
レモン汁…大さじ2
カモミール…大さじ1

炭酸水または熱湯…適量

作り方

1　ジンジャーシロップを作る。しょうがは皮ごとおろし金ですりおろし、鍋に入れる。てんさい糖、水を加え、中強火にかける。沸騰したら中弱火にし、時々かき混ぜながら煮つめる。

2　1が2/3の量になったら、レモン汁を加える。ひと煮立ちしたら火を止める。カモミールを加え、蓋をして10分蒸らす。熱いうちに目の細かいざるでこし、冷めたら保存容器に入れて冷蔵庫で保存する。

3　ジンジャーエールは、グラスに氷、ジンジャーシロップ（大さじ1くらい）を入れ、炭酸水をそそぐ。お好みでミントの葉、レモン（共に分量外）を添える。

4　ホットジンジャーは、カップにジンジャーシロップ（大さじ1くらい）を入れ、熱湯をそそぐ。

※炭酸水や熱湯の他、豆乳やビールで割るのもおすすめです。

おもてなしドリンク

スパイスティー

材料（4人分）

紅茶…ティースプーン4杯
カルダモン…4粒
シナモンスティック…1本
しょうが…2切れ
熱湯…600cc

作り方

1 カルダモンはほぐし、シナモンスティックは適当に折る。
2 あたためたポットに1、紅茶、しょうがを入れ、熱湯をそそぐ。
3 5分蒸らし、茶こしでこしながらカップにそそぐ。

ホットソイココア

材料（4人分）

ココアパウダー…大さじ3
水…大さじ3
メープルシロップ…大さじ3
無調整豆乳…600cc

作り方

1 鍋にココアパウダーを入れて弱火にかける。木べらでかき混ぜながら、1分ほどから煎りをする。
2 1に水をすこしずつ加えてよく混ぜる。艶のあるペーストになったら、メープルシロップを加え、さらに無調整豆乳をすこしずつ加え、その都度木べらでよく混ぜる。沸騰する手前まであたためたら、茶こしでこしながらカップにそそぐ。

本書で使用しているヴィーガン食材

ヴィーガン料理によく使われる食材で、本書に登場するものを紹介します。一般のスーパーマーケットでは入手しにくいものもあるので、代用できる食材も掲載しています。

① タヒニ／ALISHAN
白ごまペースト。日本で手に入れやすいALISHANのものを愛用しています。中東料理には欠かせない食材で、えだ豆のディップ（P40）、なすのディップやフムス（共にP128）など、クミンとあわせてよく使う他、ごま和えや白和えのような和食にも使用します。手に入らない場合は、国産の白ねりごまで代用できます。

② 立科 豆みそ／オーサワジャパン
通常のみそ造りに使われる米こうじを使わず、大豆、塩、水のみで造られている熟成期間の長い、濃厚なみそです。みそ汁などの料理の他、チョコレート風味の焼き菓子を作るときに、コクを出すためにかくし味ですこし加えます。本書ではいちじくの焼きケーキ（P86）で、ごく少量を使っていますが、手に入らない場合は入れなくても大丈夫です。

③ 豆乳グルト／マルサン
豆乳を植物性乳酸菌で発酵させて作られている豆乳グルト。市販のプレーンヨーグルトで代用できます。

④ 有機豆乳 無調整／マルサン
有機大豆から作られている成分無調整の豆乳です。大豆固形分がすくなめなので、豆臭さがなくさらっとしていて、料理、お菓子、飲みものにも使用しています。本書で無調整豆乳としている材料は、牛乳で代用できます。

⑤ 玄米粉／オーサワジャパン
国内産の農薬・化学肥料不使用玄米を粉にしたもの。本書では、ごぼうとターメリックのごはん（P102）で、ごぼうの衣に使っています。玄米粉をまぶして揚げたごぼうは、かりかりの揚げあがりになります。米粉で代用できます。

⑥ 南部地粉／オーサワジャパン
地粉とは、広義には国産の小麦のことで、本書では岩手の南部地粉（中力粉）をメインに使用しています。市販の小麦粉（薄力粉または中力粉）で代用できます。粉によって水分を吸う量が違うので、加える水分量は加減してください。

⑦ 有機玄米甘酒／オーサワジャパン
有機玄米をこうじで発酵させたあまざけです。濃縮タイプなので、薄めて飲んだり、砂糖の代わりに甘味料として用いています。玄米が原料のものが手に入らなくても、白米のあまざけで代用できます。最近は、白米のあまざけをスーパーマーケットでもたくさん見かけるようになったので、入手しやすくなっています。

⑧ てんさい糖
本書で使用している砂糖は、てんさい（ビート）を原料に作られているてんさい糖です。粉末状のものと、グラニュー糖の2種類を使いわけています。

a：てんさい含密糖・粉末／MUSO
とけやすい粉末タイプのてんさい糖。手に入らない場合は、粉末以外のてんさい糖、きび砂糖で代用できます。お菓子の仕上げにふる場合は、粉砂糖で代用してください。

b：スズラン印 グラニュ糖／日本甜菜製糖
北海道産のてんさい（ビート）のみを原料として作られている、てんさいグラニュー糖です。素材の色をそのまま残したいときや、透明感を出したいときは、グラニュー糖を使っています。手に入らない場合は、さとうきびを原料としているグラニュー糖で代用できます。

※本書でてんさい糖を使用しているレシピで、表記がない場合はどちらでも大丈夫です。

よく使う調味料

わたしが日ごろから愛用している調味料です。シンプルな味付けが好きなので、調味料の味も大切にしています。お気に入りの調味料があると料理も楽しくなります。

① 玉締め圧搾 菜種油 / 平出油屋
焼き菓子には、おもにこの平出油屋のなたね油を使用しています。コクがあり、贅沢な味わいに仕上がります。白ごま油、グレープシードオイルなど、クセのすくない植物油で代用できます。

② VILLA BLANCA EXTRA VIRGIN OLIVE OIL
オイルの中で、一番出番が多いのがオリーブオイル。調理にも仕上げにもたくさん使うので、手に入れやすいこちらのスペイン産のオーガニックのオリーブオイルを愛用しています。

③ ケのしょうゆ / 蒜山耕藝
岡山の蒜山で農業を営む友人たちが育てた大豆で、手間ひまかけて造られているおしょうゆです。とがりのないまろやかな味わいで、主に料理の仕上げに加えています。作り手が見えるうれしいおしょうゆで、使うたびに友人たちの顔を思い出します。

④ 有機うすくちしょうゆ / ヒガシマル醤油
本書では、和風のレシピがすくないのであまり登場していませんが、料理中の味付けには、素材の色をいかすため薄口しょうゆをメインに使用しています。

⑤ 白バルサミコ酢 / alce nero
イタリアのオーガニックブランド、alce nero の有機ホワイトバルサミコビネガー。赤バルサミコ酢よりも熟成期間が短く、淡い色をしています。酸味がやわらかで、果物の料理に大活躍です。

⑥ オーガニック 赤バルサミコ酢 / Mengazzolo
ぶどうを長期熟成させて作られた、芳醇な香りのあるまろやかなお酢。本書ではドレッシングやいちごとバルサミコのソース(P18)に使用しています。その他、煮つめてソースにし、料理やお菓子の仕上げにも多用しています。

⑦ 千鳥酢／村山造酢株式会社
すっきりとしたまろやかな酸味の米酢で、日常のいろいろな料理に活用しています。

⑧ 有機ブラックペッパーホール / N.HARVEST
いつも使用しているのは、近所で手に入るN.HARVESTのホールの粒こしょうです。使うときにペッパーミルで挽いて、挽き立てを使うようにしています。

⑨ 海の精 あらしお / 海の精
料理人の友人が使っていて使用しはじめた、国産の海塩。甘みや旨み、コクがあり、料理中の味付けに、日常的に使っているのがこちらの塩です。

⑩ Maldon SEA SALT / Maldon Crystal Salt Company
ロンドンの友人がおすすめしてくれてから、気に入ってずっと使い続けているイギリスの塩。イギリスの海水が原料の結晶状の塩で、サラダにふったり、できあがった料理に添えたり、料理の仕上げに使用しています。

各コースの料理に使用した器

「うららかな春の食卓」

① 新じゃがのポタージュ(P11)
白のスープ皿。刻印がなく、メーカーは不明だけれど、たぶんフランスの古いもの。東京・恵比寿のマンションの一室で、フランスを中心にヨーロッパの古いものを扱う「couperin」にて購入しました。

② オレンジとにんじんのラペ(P12)
フランスの古い器。スープ皿と同じく恵比寿の「couperin」にて購入したものです。

③ 焼き野菜のマリネ(P13)
グレーがかった青のリム皿は、安藤由香さんの作品。神奈川・横浜市反町の「ヨリフネ」にて購入しました。料理にもお菓子にも使いやすい一枚。

④ 豆野菜とクレソンのサラダ(P14)
吉田直嗣さんのすこしグレーがかった白の鉢。神奈川・鎌倉の「うつわ祥見 KAMAKURA」にて購入。いつか器の作家さんと一緒にお仕事をしてみたいなぁと思っていたときに、声をかけてくださったのが吉田さんとうつわ祥見のオーナー祥見さんで、とてもお世話になっているおふたりです。

⑤ 小豆と玄米のコロッケ(P16)
栃木・益子で作陶されている郡司庸久さんの白いオーバル皿。東京・西麻布の「桃居」にて購入。

⑥ 豆乳プリン、いちごとバルサミコのソース(P18)
トルコのPasabache社のこぶりなワイングラス。スタッキングもできるすぐれもので、料理教室でも大活躍のグラスです。栃木・黒磯の「HIKARI SHOKUDO」にて購入しました。

「お庭でピクニック」

① 新たまねぎと白ワインのスープ(P23)
茨城で粉引きや黒釉の器を制作されている、高橋春夫さんの白い器。鎌倉の「PIMONIHO」(P159)伊達さんの私物をお借りしました。

② グリーンピースのピュレ(P24)
たぶんもう20年近く前から持っているグラス。私物の器は、いつどこで手に入れたものかをほとんど覚えているのですが、めずらしく記憶にない器です。

③ じゃがいもとローズマリーのガレット(P25)
白いリム皿。スープ皿と同じ、高橋春夫さんの器です。「PIMONIHO」伊達さんの私物をお借りしました。

④ 春のグリーンサラダ(P26)
茨城で工房を構え制作されている、塩谷直美さんのガラス。「PIMONIHO」伊達さんの私物をお借りしました。

⑤ 野菜とハーブのトマト煮とクスクス(P28)
オーバル皿は、たぶんスペインの古い器。クスクスが入っているグレーの鉢は、ニューヨークのWynne Nobleさんの器で、どちらも友人から譲り受けたものです。

⑥ オレンジとココアのマフィン(P30)
長野で作陶されている和田由記子さんのコンポート皿。イッチンという技法で、繊細な模様がていねいに描かれていて、焼き菓子にぴったりの器です。鎌倉市二階堂の「Atelier Kika」麻里子さんの私物をお借りしました。

器が好きで、おもに作家さんの作品やアンティークのお皿などを集めていますが、本書のためにお借りした器もあります。自分で購入したものは、お店も紹介しています。同じものを見つけるのは難しいかもしれませんが、参考にしてください。

「初夏の週末」

① きゅうりの冷たいスープ(P39)
トルコのPasabache社のこぶりなワイングラス。春の豆乳プリン(P18)でも使用しています。

② えだ豆のディップ(P40)
フランスの古いガラスカップ。カッピングのためのガラスだったと聞いて驚きましたが、ディップやソースを盛る器としても、キャンドルホルダーとしても使っています。以前鎌倉にあり、北海道・洞爺湖に移転した「FIVE FROM THE GROUND」(P159)にて購入。

③ 全粒粉のチップス(P40)
デンマーク・コペンハーゲンのアンティークショップで購入した木の器。料理教室をはじめる前に、ヨーロッパをあちこち旅していたときに出会ったもので、(わたしの英語力と記憶力が確かなら)チークの一枚板から作られている器です。

④ とうもろこしとひじきとアボカドのマリネ(P42)
フランスの古い器。恵比寿にある「couperin」にて購入。春のオレンジとにんじんのラペ(P12)でも使用しています。

⑤ 夏野菜と豆とスパイスのごはん(P44)
広島で作陶されている寒川義雄さんの八角プレート。鎌倉の「うつわ祥見KAMAKURA」にて購入。

⑥ もものあまざけシャーベット(P46)
iwaki耐熱ガラスのプリンカップ。サイズ違いでいくつか揃えていて、デザートはもちろん、調理中にちょっとした調味料を量るときにもよく使っている、あると便利な道具です。モンブラン(P144)のスポンジを蒸すときにも使用しています。

「海辺のブランチ」

この日の撮影では、「FIVE FROM THE GROUND」の成塚さんに、器やカトラリー、瓶やバスケットをお借りして、海へ出かけました。成塚さんが普段ご自宅で使われている器や道具で、1800年代後半から1900年代のはじめのものが多いそうです。並べるだけで絵になるものばかりです。

① トマトの冷たいスープ(P51)
フランスの古いエスプレッソカップ。

② もものサラダ(P52)
JOHNSON BROTHERSというイギリスの窯の古い器。白磁や硬質なものが多いイギリスの中では、いい貫入と色合いになっている一枚です。

③ ズッキーニとハーブのサラダ(P53)
フランス、BADONVILLER窯のレクタングル(長方形)のお皿。

④ 緑のタブレ(P54)
フランスの古い器。

⑤ 夏野菜の玄米キッシュ(P56)
ベルギーのピューター。バスケットにそのまま無造作に入れても壊れない、外でのごはんにはもってこいの器です。古いものには、結婚するときに両家のイニシャルを入れたり、年代を彫ったものもあるそうです。

⑥ キウイとミントのゼリー(P58)
フランスの古いリキュールグラス。

「実りの秋ごはん」

① さつまいもとローズマリーのポタージュ（P67）
高橋春夫さんの白い器。鎌倉の「PIMONIHO」伊達さんの私物。春の新たまねぎと白ワインのスープ（P23）でも使用しています。

② きのことレンズ豆のペースト（P68）
角井理愛さんの鉢。はじめて出会ったのは、まだ彼女が陶芸をはじめる前でした。それから数年が経ち、陶芸家として独立された角井さんの器は、かっこよさとやわらかさが同居していて、料理やお菓子をぐっと引き立ててくれます。自家製セミドライトマト（P123）、なすのディップとフムス（共にP128）、きなこのアイスとマンゴーのフローズンヨーグルト（共にP140）、モンブラン（P144）、ホットジンジャー（P149）は、すべて角井さんの器です。

③ 黒こしょうのクラッカー（P68）
デンマークのガラスブランド、HOLMEGAARDのガラスのジャー。コペンハーゲンの蚤の市で手に入れたものです。

④ いちじくとぶどうの赤いサラダ（P70）
フランスの古い器。春のオレンジとにんじんのラペ（P12）でも使用しています。

⑤ まいたけのコーンミールフライ（P71）
おそらくスペインの古い器。春の野菜とハーブのトマト煮（P28）でも使用しています。

⑥ なすのソテーとパセリのごはん（P72）
郡司庸久さんの白いオーバル皿。春の小豆と玄米のコロッケ（P16）でも使用しています。

⑦ 洋なしとスパイスのケーキ（P74）
岡山で制作されている坂野友紀さんのトレイ。東京・上北沢の「カモシカ」にて購入。友人を通じて知り合い、何度も一緒にテーブルを囲んだことのある、人柄も作品も大好きな作家さんです。

「夜長のディナー」

この日の撮影では、器やカトラリー、アルコールランプ、花瓶、クロスなど、「FIVE FROM THE GROUND」の成塚さんの私物を使わせていただいています。撮影場所も、鎌倉から洞爺湖へ移転される直前のお店をお借りしました。

① きのこのポタージュ（P79）
フランスの小さなカフェオレボウル。

② 紫キャベツとマッシュルームの前菜（P80）
オランダ・マーストリヒト窯の古いオーバル皿。小さめで深みのあるものは珍しく、使いやすいサイズです。マーストリヒト窯の器は、使い込むといい色合いになるものが多く、成塚さんのご自宅の器もこの窯のものが多いそうです。

③ 秋のグリーンサラダ（P81）
イギリスのピューター。古いもので、ひび割れた部分が補修してあり、それがまたいい表情になっている一枚です。

④ 野菜ときのこのハーブグリル（P82）
フランスのキュノワール。18世紀から19世紀にかけて、フランスのノルマンディー地方を中心に制作されていた、直火にかけられ、調理にも使われていた陶器です。深みのあるオーバルは珍しく、和洋中、いろいろな料理にあいます。

⑤ スパイスソーダブレッド（P84）
ベルギーのプレート。もともとは、カフェで小さなお盆代わりに使われていたそうで、今でも老舗のカフェでお茶を頼むと、お茶やビスケット、生クリームなどがのって運ばれてくることもあるとのこと。成塚さんのご自宅の台所では、調味料置きとして使われているものをお借りしました。

⑥ いちじくの焼きケーキ（P86）
ベルギーの古い器。

⑦ ぶどうと白ワインのゼリー（P88）
フランスの古いガラスカップ。夏のえだ豆のディップ（P40）で使っているガラスとサイズ違いで、ひと回り大きいもの。手吹きガラス独特の歪みや揺らぎがあって、古いものほど形に統一感がなく、ひとつずつ違う表情をしています。

「冬のごちそう」

① ブロッコリーとじゃがいものスープ(P97)
宮崎で工房を構え、制作されている荒川真吾さんのスープ皿。鎌倉「うつわ祥見onariNEAR」にて購入。

② 緑のだいこんのメープルビネガーマリネ(P98)
オランダ・マーストリヒト窯の古いオーバル皿。「FIVE FROM THE GROUND」にて購入。

③ パセリとカシューナッツのペースト(P99)
吉田直嗣さんの黒いココット。鎌倉の「うつわ祥見onariNEAR」にて購入。

④ レンズ豆と木の実のローフ(P100)
広島で作陶されている寒川義雄さんの八角プレート。鎌倉の「うつわ祥見KAMAKURA」にて購入。夏野菜と豆とスパイスのごはん(P44)でも使用しています。

⑤ ごぼうとターメリックのごはん(P102)
益子で作陶されている吉村和美さんのリム皿。鎌倉の「うつわ祥見onariNEAR」にて購入。青、緑、黄、桜、紫、墨……さまざまな色と形、美しくあたたかみのある器を作られる作家さんです。料理教室でもプライベートでもよく使うお気に入りの一枚です。

⑥ ココナツサワークリームとベリーのデザート(P104)
トルコのPasabache社のこぶりなワイングラス。春の豆乳プリン(P18)でも使用しています。

「北欧の旅の記憶」

① ほうれん草のポタージュ(P109)
アセビマコトさんの白いボウル。鎌倉の「moln」にて購入。同じ鎌倉で暮らしていらっしゃるアセビさんは、プライベートでも仲良くしていただいている作家さんです。お人柄そのままのあたたかみのある質感と、やわらかな輪郭の器で、ボウルの他、プレートやオーバル皿も日々の器として愛用しています。

② じゃがいもとビーツのサラダ(P110)
フィンランド・ARABIAのTalvikkiシリーズのスープ皿。ヘルシンキ郊外のリサイクルショップで購入。お花やいちごがモノトーンで描かれている、1970年前後に製造されていたものです。スープ皿の他、ケーキ皿も持っていて、アトリエで開いているお菓子教室で愛用しているお気に入りのシリーズです。

③ かぶと金柑のサラダ(P112)
アセビマコトさんのオーバル皿。鎌倉の「moln」にて購入。

④ ロマネスコときのこのフライ(P113)
フィンランド・ARABIAの、1900年ごろに製造されたと思われる古い器。ヘルシンキ郊外のリサイクルショップにて購入。

⑤ カリフラワーとルッコラと木の実のごはん(P114)
フランスの古い器。鎌倉市稲村ヶ崎の「walts」(P159) tenさんの私物をお借りしました。

⑥ りんごのケーキ(P116)
岡山に窯を構える伊藤環さんの鉄釉の器。上北沢の「カモシカ」にて購入。取り皿として使用しているのは、アセビマコトさんのケーキ皿です。

おわりに

　自分のレシピがはじめて一冊の本になると決まったのは、2018年秋のこと。沖縄を旅しているときに、出版社からお電話をいただきました。その瞬間のことは、今でもはっきりと覚えています。それからほどなく撮影がはじまり、冬から翌年の秋にかけて1年がかりで本作りに取り組みました。その間、たくさんの方々にご協力いただき、この本ができあがりました。最初のご縁をつないでくださった弓子さん。撮影場所を提供してくださったwaltzのtenさん、直さん、PIMONIHOの長谷部さん、FIVE FROM THE GROUNDの成塚ご夫妻。スタイリングのために、多くの方々から器や備品もお貸し出しいただきました。鎌倉で暮らすなかでみなさんと出会わなければ、わたしが思い描くような本にはならなかったと思います。
　そして季節を巡る長い撮影の間、料理のアシスタントをして支えてくれた利恵さん、ユキコさん。美しい写真を撮り続けてくださった木村さん。たくさん相談に乗っていただき、すてきなデザインに仕上げてくださった鳥沢さん。そしてはじめての著書で右も左もわからなかったわたしを、ずっと励まし続け伴走してくださった久保さん。ほんとうにありがとうございました。
　この本ではさまざまなシチュエーションで、コース仕立てのレシピを提案していますが、ご自宅やお気に入りの場所で、自由に料理を組み合わせて、楽しんでいただけるとうれしいです。そして大切な人たちと、おいしく、笑顔あふれる時間を過ごせることを願って……。

紅葉が美しい鎌倉にて
赤城美知子

〈撮影協力〉

waltz

神奈川県鎌倉市稲村ヶ崎 1-2-19
STORE OPEN：金曜〜日曜 12:00 〜 17:30
（不定休・臨時休業あり／ 10 月から 2 月は〜 17:00）
waltzandtram.com

デザイナーの ten さんのアトリエです。すぐ目の前を江ノ電が走る、古い平屋を改装した気持ちのいい空間です。週末はオリジナルの服や雑貨と、アンティークを扱うストアとしてオープンする他、小さなギャラリーも併設されています。
撮影ページ：P8 〜 19「うららかな春の食卓」、P94 〜 117「冬のごちそう」「北欧の旅の記憶」

PIMONIHO Onari-fukurokoji

神奈川県鎌倉市御成町 5-16 御成ふくろ小路 Link-A3
STORE OPEN：火曜〜土曜 12:30 〜 17:30
pimoniho.com

鎌倉駅から御成通りを抜け細い路地の奥の奥へ進むと、江ノ電の音が近くに聞こえるふくろ小路に、三角屋根のお店が見えてきます。陶器、ガラス、料理道具などがセンスよく並んでいて、撮影で器をお借りした高橋春夫さんや塩谷直美さんの個展も開かれています。撮影は由比ガ浜の PIMONIHO Studio+ をお借りしました。
撮影ページ：P20 〜 75「お庭でピクニック」「初夏の週末」「海辺のブランチ」「実りの秋ごはん」（P32 〜 34、48 〜 49、59 〜 62 を除く）

FIVE FROM THE GROUND

from-the-ground.com

フランス、ベルギー、イギリスなどヨーロッパへ買い付けに行き、ご自分たちの目で選ばれた古い食器や道具、家具を扱っているお店です。2019 年 7 月末に鎌倉市二階堂で開かれていたお店は一旦クローズし、北海道の洞爺湖へ移転されました。現在はオンラインショップを中心に、新しいお店の準備をされています。
撮影ページ：P76 〜 89「夜長のディナー」

※各店舗の情報は、2019 年 11 月現在のものです。

〈食材協力〉

自然食品 かなや
www.kanayanet.com

〈special thanks〉

Atelier Kika

アセビマコト

イシカワアユミ（atelier BOAT）

キクタヒロコ

櫻林ゆかり

角井理愛

山根弓子

赤城美知子　Michiko Akagi

フランス料理を学んだあと、イタリア料理店、カフェ、料理教室での勤務等を経て、料理家として独立。野菜料理とお菓子の教室「toricot」主宰。鎌倉での教室を中心に、雑誌、書籍、ウェブへのレシピ提供やレストランのレシピ開発も手がけている。

撮影：木村文吾
調理アシスタント：鎌田利恵(mikurie)
　　　　　　　　コダマユキコ(KruaNok)
デザイン：鳥沢智沙(sunshine bird graphic)
校正：藤吉優子
編集：久保万紀恵(誠文堂新光社)

段取りよくゲストと一緒に楽しめる
野菜と果物のおもてなしレシピ

2019年11月12日　発　行　　　　　　　　　NDC596

著　者　赤城美知子
発行者　小川雄一
発行所　株式会社 誠文堂新光社
　　　　〒113-0033
　　　　東京都文京区本郷3-3-11
　　　　〈編集〉電話：03-5800-3614
　　　　〈販売〉電話：03-5800-5780
　　　　https://www.seibundo-shinkosha.net/
印刷所　株式会社 大熊整美堂
製本所　和光堂 株式会社

ⓒ2019, Michiko Akagi.　　Printed in Japan

検印省略
本書記載記事の無断転用を禁じます。
万一落丁・乱丁本の場合はお取り替えいたします。

本書に掲載された記事の著作権は著者に帰属します。
これらを無断で使用し、展示・販売・レンタル・講習会等を行うことを禁じます。

本書のコピー、スキャン、デジタル化等の無断複製は、著作権法上での例外を除き、禁じられています。
本書を代行業者等の第三者に依頼してスキャンやデジタル化することは、たとえ個人や家庭内での利用であっても著作権法上認められません。

JCOPY〈(一社)出版者著作権管理機構 委託出版物〉
本書を無断で複製複写(コピー)することは、著作権法上での例外を除き、禁じられています。本書をコピーされる場合は、そのつど事前に、(一社)出版者著作権管理機構(電話 03-5244-5088／FAX 03-5244-5089／e-mail：info@jcopy.or.jp)の許諾を得てください。

ISBN978-4-416-61962-9